AF548201

BESTSELLERAUTORIN

Anjana Gill

DIE PERFEKTE VISUALISIERUNG

7 FASZINIERENDE TIPPS FÜR MANIFESTATIONSPROFIS

Jetzt kann uns nichts mehr stoppen!

Omega

Omega-Verlag ist ein Imprint des Verlages »Die Silberschnur« GmbH

ISBN: 978-3-96933-083-8

1. Auflage 2024

Gestaltung & Satz: XPresentation, Güllesheim; unter Verwendung verschiedener Motive von © Freepik.com; © vecteezy.com; © creativefabrica.com
Umschlaggestaltung: XPresentation, Güllesheim; unter Verwendung verschiedener Motive von © KatyaKatya und © redchocolatte, stock.adobe.com;
Druck: Finidr, s.r.o. Cesky Tesin

Verlag »Die Silberschnur« GmbH · Steinstraße 1 · D-56593 Güllesheim
www.silberschnur.de · E-Mail: info@silberschnur.de

Für

Tara, Cosi und Alea

INHALTSVERZEICHNIS

Visualisieren bedeutet,
deine Vorstellungskraft zu nutzen,
um das zu verwirklichen,
was du dir wünschst.

Du und das Universum
... da geht noch jede Menge!

Einleitung

Hallo, ihr Lieben! Und weiter geht's ... Willkommen in der Welt der Visualisierung. Wir kommen der Manifestation unserer Wünsche näher und näher – sie ist fast zum Greifen nah. Der erste Meilenstein ist bereits geschafft: Wir wissen inzwischen, dass die richtige Wunschformulierung[1] sehr wichtig für die Erfüllung unserer Wünsche ist. Je perfekter und passender unsere Wunschformulierung, umso schneller ziehen wir die Verwirklichung in unser Leben. Und daher wissen wir inzwischen auch, dass wir uns auf keinen Fall »kein Zebra« oder »keine Geldsorgen« wünschen sollten – was passiert sonst? Genau: Wir ziehen ein Zebra und Geldsorgen in unser Leben. Die Bedeutung der Wunschformulierung ist uns allen klar, und daran halten wir uns.

Aber nun stellt sich die Frage: Können wir noch mehr für die Manifestation tun? Oder besser gefragt: Was können wir tun, nachdem wir unseren Wunsch richtig und treffend formuliert und ans Universum übergeben haben? Gibt

---

[1] Anjana Gill: Die perfekte Wunschformulierung, Silberschnur Verlag 2021.

es etwas, mit dem wir die Manifestation unterstützen und im besten Fall vielleicht sogar beschleunigen können? Gibt es eine Möglichkeit, wie wir es schaffen können, die Erfüllung unserer Wünsche schneller in unser Leben zu ziehen?
Die gute Nachricht ist: Ja! Ja, es gibt tatsächlich eine Möglichkeit. Es gibt sogar etwas mit einer sensationellen Wirkung. Es gibt etwas, das die Erfüllung geradezu magnetisch anzieht. Das hört sich zu schön an, um wahr zu sein? Stimmt, es ist aber tatsächlich so.
Es gibt etwas, das wir tun können, das wir ehrlich gesagt sogar tun müssen, nachdem wir unseren Wunsch dem Universum übergeben haben: Wir müssen visualisieren! Wir müssen gedanklich in die Erfüllung unseres Wunsches eintauchen. Wenn wir unsere Wünsche manifestieren wollen, dann ist dieses Eintauchen in die Erfüllung quasi alternativlos.

Jetzt denkst du vielleicht: ›Sich die Erfüllung vorstellen?‹ Okay, das mache ich – das ist ja total einfach. Das stimmt zwar auch, aber es stimmt nur zum Teil. Ganz so einfach ist es nun doch nicht. Denn Vorsicht: Visualisierung ist nicht gleich Visualisierung. Beileibe nicht.
Bisher hat man immer gesagt: Visualisierung bedeutet, dass man sich die Erfüllung seines Wunsches vorstellen soll. Aber soll ich dir mal etwas sagen: Das reine Vorstellen reicht gar nicht. Eine normale gedankliche Vorstellung ist viel zu wenig und viel zu langweilig. Man stellt sich zwar die Erfüllung vor, aber man stellt sie sich eben nur vor. So

als würde man im Kino sitzen und von seinem Sessel aus einen Film anschauen. Langweilig! Wir sind so nur der Betrachter. Wir betrachten die Szenerie von außen – womöglich noch futternd mit einer Tüte Popcorn in der Hand. Aber das reicht nicht. Das ist zu passiv.
Auf diese Art erschaffen wir langweilige passive Energie, Sesselhockerenergie sozusagen. Und was passiert dann? Wir senden diese langweilige Energie aus und – nach dem Gesetz der Anziehung – bekommen langweilige Energie zurück. Aber wer hat darauf schon Lust? Gähn. Ich nicht. Und du doch auch nicht, oder?

Wir wollen ja jetzt endlich die Erfüllung unserer Wünsche (und vielleicht sogar noch eine Prise mehr) in unser Leben ziehen.
Und das werden wir auch. Das verspreche ich dir.
Wie wir das schaffen? Das schauen wir uns gleich näher an.

Wir werden unsere bisherige Visualisierung umwandeln. Wir müssen unsere bisherige normale gedankliche Vorstellung in eine lebendige, vor Begeisterung sprühende, aktive Visualisierung verändern. Denn genau das macht den Unterschied!
Unsere Visualisierung muss leben – sie muss atmen, sie muss begeistern. Sie muss eine einmalige, kraftvolle Energie haben. Denn das Entscheidende bei der Visualisierung ist ja die Energie, die wir mit ihr aussenden. Nur darauf kommt es an.

Die Energie, die wir damit aussenden, zieht los und holt uns etwas mit der gleichen Energie. Deshalb muss unsere Visualisierung nur so strotzen vor Erfüllungsenergie.
Eine gute Visualisierung lebt. Sie lebt, sie pulsiert, sie begeistert. Wenn sie das tut, dann gibt es nichts Wirkungsvolleres als diese Kraft.
Ich habe auf der ganzen Welt beobachtet, dass Menschen, die besonders gut manifestieren können, also die besonders gut die Erfüllung ihrer Wünsche in ihr Leben ziehen können, visualisieren können wie die Weltmeister. Sie bauen kleine Tricks und Raffinessen in ihre Visualisierung ein und befüllen sie mit Leben und Begeisterung. Sie beteiligen ihre Sinne und sind mit Haut und Haaren dabei. Und das ist dann alles andere als langweilig. Das ist mitreißend – genau die richtige Energie. Und so wird aus einer passiven gedanklichen Vorstellung ruckzuck eine mitreißende Erfüllungsvisualisierung.

Der Unterschied, warum bei manchen Menschen die Wunscherfüllung, also die Manifestation, so gut klappt und bei anderen eher nicht, liegt tatsächlich überwiegend an der Art der Visualisierung. Es liegt daran, dass die Visualisierungen von Manifestationsexperten vor Lebendigkeit nur so sprühen. Es sind die Begeisterung und das Glück in diesen Visualisierungen, die richtige, starke Energie aussenden. Diese Menschen nutzen die Kunst der Visualisierung. Die Kunst, aus einer normalen Visualisierung eine wahre Erfüllungsrakete zu machen.
Wobei das eigentlich keine wirkliche Kunst ist. Das kann

man lernen – jeder kann das lernen. Man muss nur ein paar Dinge beachten. Und das ist wie immer im Leben – man muss diese Dinge eben kennen und wissen; man muss wissen, worauf es ankommt.
Das Interessante ist ja, dass wir alle sowieso den ganzen Tag visualisieren. Nur machen wir das meist bisher unbewusst – und in die falsche Richtung. Aber damit ist jetzt Schluss! Ab jetzt nutzen wir diese Zauberkraft der Vorstellung – so nenne ich sie manchmal liebevoll, weil sie so wunderbar effektiv ist – für unsere Manifestation.
Und damit auch wir ab jetzt die geballten Möglichkeiten der Visualisierung nutzen können, habe ich diese Kennertricks und Raffinessen in diesem Büchlein gesammelt. Worauf warten wir noch? Starten wir mit der Manifestation unserer Wünsche, starten wir die Erfüllungsrakete. Das Wort »Rakete« verdeutlicht übrigens die ungeheure Kraft, die hinter einer gelungenen Visualisierung liegt. Nutzen wir diese wunderbare Kraft. Sie ist ein hocheffektives Instrument, und noch dazu ist sie kostenlos – danke dafür, liebes Universum.

Also, was möchtest du manifestieren? Was möchtest du in dein Leben ziehen? Eine glückliche Partnerschaft, finanzielle Freiheit oder mehr Geld, mehr Zeit für dich selbst, eine neue Stelle, deine Berufung, inneren Frieden, eine neue Wohnung oder ein neues Haus, eine tolle Reise, Erfolg, Anerkennung …? Was möchtest DU möglichst bald verwirklichen?

Erfüllung – wir kommen. Wir kreieren jetzt zusammen eine wunderbar lebendige, begeisternde Visualisierung. Wir zünden die Rakete ...!

Teil I

Ein bisschen Theorie muss sein …

Wir alle visualisieren ja bereits ständig – nur leider tun wir das meistens unbewusst und nicht unbedingt in die richtige Richtung. Visualisierung funktioniert nämlich – nicht ideal, ist aber trotzdem so – leider in beide Richtungen: in die positive Richtung, also zur Erfüllung unserer Wünsche, und leider auch in die negative Richtung, zur Abbestellung unserer Wünsche. Ja, leider auch zur Abbestellung!
Wir geraten häufig völlig unbewusst in die negative Visualisierung, alleine durch den ganzen negativen Input, dem wir ausgesetzt sind. Wir werden von morgens bis abends mit negativen Nachrichten berieselt und an manchen Tagen regelrecht zugeschüttet damit. Du weißt, was ich meine, nicht wahr?
Das nervt nicht nur, das geht auch nicht spurlos an uns vorbei. Das macht etwas mit uns. Und so kommt es, dass wir uns in Gedanken häufig negative Dinge vorstellen – Dinge, die uns Sorgen oder Angst machen. Kein Wunder eigentlich, aber genau das ist jammerschade.
Aber wir wären nicht wir, wenn wir das nicht jetzt ändern könnten. Wir sind auf dem Weg, Manifestationsexperten

zu werden, und uns ist klar, dass wir mit einer negativen Visualisierung nicht nur eine der wertvollsten Erfüllungsressourcen, die wir haben, zunichtemachen, sondern dass wir damit sogar die Erfüllung unserer Wünsche blockieren. Und kein Mensch blockiert ja freiwillig die Erfüllung seiner Wünsche! Das macht doch niemand freiwillig! Wir schon gar nicht. Also vergessen wir die negative Visualisierung und schauen uns die positive Visualisierung näher an. Denn genau die wird unser Leben vergolden. Es gibt tatsächlich kein stärkeres Erfüllungsinstrument als die perfekte Visualisierung – das kann ich dir garantieren. Die Kraft der Vorstellung sprengt alle Grenzen. Das ist tatsächlich so.
Menschen, die die Regeln der Visualisierung kennen und diese Kraft nutzen, sind zu unglaublichen Erfolgen fähig. Viele Sportler zum Beispiel, die Medaillen gewonnen haben, nutzen die Visualisierung und tauchen vor dem Wettkampf in die Erfüllung ein. Aber nicht nur Sportler tun das, auch Künstler und Stars stellen sich ihren Erfolg vorher in Gedanken vor. Überhaupt tun das alle erfolgreichen und auch alle glücklichen Menschen auf der ganzen Welt. Die positive Visualisierung und Glück gehören nämlich zusammen, so wie Strand und Meer zusammengehören.
Und wir nutzen das jetzt auch. Es kommt nicht darauf an, ob man öffentlichen Erfolg haben möchte oder einen Wettkampf gewinnen möchte. Egal, was du im Leben möchtest, das kann eine glückliche Partnerschaft sein oder eine glückliche Familie, eine tolle Reise, Zeit für dich

selbst, ein hohes Einkommen und, und, und. Es gibt so viele Wünsche, wie es Menschen gibt, und das ist ja auch das Schöne. Die richtige Visualisierung sorgt dafür, dass wir genau das anziehen, was uns persönlich wichtig ist. Und zwar alles, was wir möchten.
Und genau deshalb liebe ich die Visualisierung so – sie öffnet uns sämtliche Türen.

Es gibt übrigens zwei Arten von Visualisierungen, die wir wunderbar nutzen können:

- Visualisierungen, mit denen wir alles, was wir uns wünschen, in unser Leben ziehen und

- Visualisierungen, mit denen wir alles, was wir nicht mehr möchten, auflösen können.

Was brauchen wir mehr?
Und übrigens – es gibt keine Visualisierung, die nicht früher oder später wahr geworden wäre. Jede – und es ist wichtig, dass du das weißt – jede Visualisierung wird irgendwann Wirklichkeit, das geht gar nicht anders. Denn die Energie, die in deinen Gedanken entstanden ist, löst sich nicht einfach in Luft auf. Sie muss und wird sich in der Realität manifestieren. Das ist ein Naturgesetz.
Wie gesagt, ich liebe Visualisierungen – sie wirken wie Erfüllungsmagneten.
Wir müssen uns dazu die Erfüllung aber nicht nur vorstellen, sondern wir müssen sie quasi schon jetzt erleben. Ja, erleben!

Genau dieses Erleben macht eine gelungene Visualisierung aus – sie ist viel mehr als nur eine gedankliche Vorstellung. Genau genommen sollte sie ein spannender Film sein – der spannendste Film, den es gibt. Für mich gibt es nichts Spannenderes als die Erfüllung unserer Wünsche. Und jedes Mal, wenn sich wieder eine Visualisierung in meinem Leben manifestiert hat, würde ich dem Universum am liebsten ein High five anbieten. Ich liebe diese Verbindung mit dem Universum inzwischen so sehr. Ich weiß, dass alles, was ich visualisiere, früher oder später in meinem Leben Wirklichkeit wird – manches früher, manches später. Aber es wird sich manifestieren – das geht, wie gesagt, gar nicht anders. Und die Zeit spielt letztlich auch keine Rolle. Den Zeitpunkt, also das Wann, überlasse ich dem Universum. Das weiß mehr als wir und kennt den richtigen Zeitpunkt besser. Wir wollen ja immer alles am liebsten sofort haben. Du doch auch, oder? Ja, die Sache mit der Geduld ...
Ich habe übrigens etwas Interessantes herausgefunden. Das hört sich scheinbar paradox an, ist aber tatsächlich wahr und vielleicht hilft dir das auch, geduldiger zu sein. Seitdem ich das weiß, bin ich die Ruhe in Person. Also meistens ...

Je ungeduldiger wir im Inneren sind,
umso länger dauert die Erfüllung.

Oder positiv formuliert:

Je geduldiger wir im Inneren sind,
umso schneller klappt die Erfüllung.

Da sind wir wieder bei der Sache mit dem Vertrauen. Wenn wir zusätzlich zur perfekten Visualisierung auch noch unerschütterliches Vertrauen ins Universum haben, dann ist tatsächlich alles möglich.
Das glaubst du nicht? Dann probiere es einfach mal aus. Wetten, dein Leben bekommt eine wunderbare Wendung?
Ich weiß, dass es so sein wird.
Öffnen wir die Türen für deine Wunscherfüllung!

Schauen wir uns jetzt die Geheimnisse der Visualisierungen mal näher an. Hier sind sie nun, die 7 Erfolgsregeln für deine perfekte Visualisierung:

1. Positive Bilder:
   Nur das visualisieren, was du willst!
2. So tun, als ob es schon wahr wäre, du musst das Ergebnis visualisieren, nicht den Weg!
3. Mit allen Sinnen: fühlen, sehen, hören, schmecken und riechen
4. Details
5. Freunde und Familie
6. Glücksgefühle
7. Schlusssatz der Visualisierung
   (»Danke, dass du mir das erfüllt hast,
   wie du mir immer alles erfüllst.«)

7 Erfolgstipps, die deine Visualisierung zu einem Erfüllungsmagneten machen. 7 Regeln, die den Unterschied machen.
Und damit wir sie nie wieder vergessen, habe ich uns eine kleine Visualisierungscheckliste erstellt. Du weißt ja, wie schnell wir alle neue Vorsätze sonst wieder vergessen. Nach einer Woche sind wir wieder in den alten Mustern. Aber dank dieser Checkliste passiert uns das dieses Mal nicht mehr. Jetzt können wir unsere Visualisierung immer mal wieder abchecken und sind so auf der sicheren Seite.

Und es gibt einen Trick, damit wir das nicht mehr vergessen und versehentlich wieder in alte Denkmuster zurückfallen: Der Kalendertrick. Geh an jedem 1. eines Monats diese Checkliste kurz durch.
Jeder 1. eines Monats ist ab jetzt ein Erinnerungsanker: der 1. Januar, 1. Februar, 1. März , 1. April, 1. Mai ...
Geh an jedem 1. eines Monats diese Checkliste kurz durch.

Denk daran: Diese Liste ist nicht einfach nur eine Liste. Diese Liste ist die direkte Verbindung zur Erfüllung deiner Wünsche!

★ TIPP: Die Checkliste für deine perfekte Wunschvisualisierung kannst du dir auf:
https://www.silberschnur.de/visualisierung
als PDF herunterladen und immer wieder ausdrucken und benutzen.

★ Checkliste ★

für deine perfekte Wunschvisualisierung

Regel	Inhalt	ja	nein
1	Willst du das, womit deine Gedanken sich beschäftigen, wirklich in dein Leben ziehen?	☐	☐
2	Stellst du dir nur das Ende, also die Erfüllung vor? Vermeidest du Gedanken an den Weg dorthin, an das Wann, Wie, Wo?	☐	☐
3	Kannst du die Erfüllung fühlen? Kannst du die Erfüllung riechen? Kannst du die Erfüllung schmecken? Kannst du die Erfüllung hören? Kannst du die Erfüllung riechen?	☐	☐
4	Kannst du viele Details sehen ?	☐	☐
5	Kannst du hören und sehen, was Freunde und Familie sagen?	☐	☐
6	Hast du Glücksgefühle?	☐	☐
7	Denkst du an den Schlusssatz?	☐	☐

Wie gesagt, diese 7 Erfolgsregeln verwandeln jede normale Visualisierung in eine regelrechte Turbo-Erfüllungsvisualisierung.
Sie setzen eine neue, ungeheuer kraftvolle Energie in unserer Vorstellung frei: Erfüllungsenergie vom Feinsten.
Mehr geht nicht.
Jetzt wirkt unsere gedankliche Vorstellung wie ein Laserstrahl, den wir auf die Erfüllung richten. Ein Laserstrahl, der die Erfüllung in unsere Realität transportiert.
Das ist reine Manifestationsenergie.
Und genau die wollen wir ja.

7 Wichtige Regeln für die Visualisierung

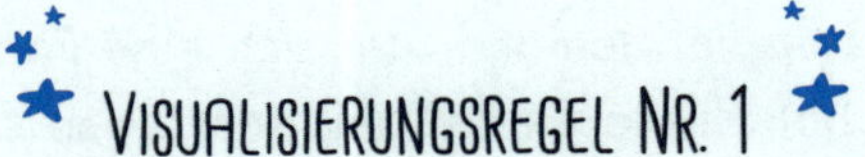

Visualisierungsregel Nr. 1

Deine Visualisierung muss immer positiv sein. Visualisiere, was du willst, aber niemals das, was du nicht willst.

Das hört sich total logisch an, und man denkt zuerst, dass man das nicht extra erwähnen müsse. Aber das stimmt so nicht. 85 Prozent der Menschen, denen du in den letzten Tagen begegnet bist, visualisieren versehentlich Dinge, die sie nicht in ihrem Leben möchten. Sie beschäftigen sich in Gedanken zu oft mit Dingen, die sie *nicht* möchten. 85 Prozent – das ist eine ganze Menge. Schau dir zum Beispiel alleine mal deinen Freundeskreis an. Schau sie dir mal kurz einzeln an: Deine Freundinnen und Freunde. Das ist interessant, nicht wahr?

Da merkt man schnell, es könnten sogar noch mehr als 85 Prozent sein. Viele Leute – übrigens nicht nur die anderen, wir selber tun das leider auch – beschäftigen sich mit Dingen, die sie eigentlich gerade nicht wollen. Zum Beispiel beschäftigt sich jemand, der Geldsorgen hat, einen Großteil seiner Zeit in Gedanken mit diesen Geldsorgen und den damit einhergehenden Problemen. Wir wissen aber inzwischen, dass Mangelgefühle leider nur weiteren Mangel anziehen.

Anderes Beispiel: Jemand, der sich eine Partnerschaft wünscht, hat oft die Gedanken, dass es so schwer ist, einen geeigneten Partner zu finden. Wieder beherrschen Mangelgefühle das Denken. Und so geht das mit allen Dingen, die wir im Moment noch »vermissen«.
Und genau das ist eine große Falle, ein Riesenstolperstein auf dem Weg zur Manifestation.
Die Frage ist nur: Wie kommen wir aus dieser Falle heraus? Wir haben nämlich überhaupt keine Lust mehr, zu stolpern oder wie ein Kaninchen in der Manifestationsfalle zu hocken.
Die Antwort ist: Am schnellsten geht das mit einer richtig guten Visualisierung. Die Kunst ist, dass wir gerade in den Situationen, in denen wir Probleme haben oder etwas »vermissen«, die beste Visualisierung aller Zeiten starten müssen. Wichtig ist hierbei, dass unsere Visualisierung vor guter Energie nur so sprüht. Es darf nicht mal der Hauch einer Sorge darin vorkommen.

Jetzt fragst du vielleicht: »Aber wie schaffe ich es, eine gute Visualisierung zu starten, wenn doch in Wahrheit im Moment die Sorgen mein Leben überlagern? Wie schaffe

ich es, mir finanziellen Wohlstand vorzustellen, wenn an allen Ecken und Enden das Geld fehlt? Wie schaffe ich es, mir eine glückliche Partnerschaft vorzustellen, wenn ich mich einsam und allein fühle? Wie schaffe ich es, mir eine Wohnung vorzustellen, wenn der Wohnungsmarkt wie leergefegt ist und ich bisher nicht einmal zu einer Besichtigung eingeladen wurde? Wie schaffe ich es, mir eine tollen Job vorzustellen, wenn ich bereits die 35. Absage bekommen habe? Wie schaffe ich es, mir Ruhe und Zeit für mich vorzustellen, wenn der Rest der Welt den ganzen Tag an mir herumzerrt?«
Genau das ist der Punkt. Wenn wir die Dinge lösen möchten, wenn wir wollen, dass der Manifestationsknoten endlich platzt, dann ist der einzige Weg dahin die Visualisierung – die perfekte, rundum passende, vor Begeisterung sprühende, lebendige Visualisierung von der Erfüllung. Und diese Visualisierung muss uns in Fleisch und Blut übergehen – du musst sie leben und fühlen.

Der Trick ist: Beschäftige dich in deinen Gedanken überwiegend damit, was du willst, und nicht damit, wie es gerade ist. Wir wollen ja den Ist-Zustand verändern und den Wunsch-Zustand realisieren. Springe deshalb in Gedanken sooft es geht vom Ist-Zustand in den Wunsch-Zustand.

Hast du mal 5 Minuten? Dann machen wir jetzt mal kurz den **5-Minuten-Selbst-Check**:

Beschreibe deinen Ist-Zustand

Beschreibe deinen Wunsch-Zustand

*Springe ab jetzt in Gedanken immer wieder in den **Wunsch-Zustand**.*

Normalerweise halte ich ja nichts von Denkverboten – im Gegenteil, ich liebe die Vielfalt der Gedanken. Aber wenn es um die Visualisierung geht und damit um die Manifestation und die Erfüllung unserer Wünsche, dann müssen wir uns jetzt selber ein Denkverbot erteilen. Hilft leider nichts.

Ab jetzt verboten: Gedanken an Dinge, die wir nicht wollen.

Wenn wir merken, dass wir uns in unseren Gedanken mit Dingen beschäftigen, die wir gar nicht möchten – das wird uns allen immer mal wieder passieren, wir sind ja auch nur Menschen –, dann schreien wir ab jetzt innerlich laut: *Stopp! Das ist verboten! Das darf ich nicht!*

Und damit dein Gehirn das auch akzeptiert und versteht, kannst du zur Unterstützung bzw. zur Bekräftigung und um dich selbst zu schützen dazu noch die Stoppgeste machen: Stopp! Halte dazu deine beiden Hände mit den Handflächen nach vorne vor deinen Körper. Nach dem Motto: Bis hierhin und nicht weiter. Gedanken, an Dinge, die wir nicht wollen, müssen ab jetzt leider draußen bleiben – wie ein Hund vor einem Geschäft: »Wir müssen leider draußen bleiben.«

Jeder Gedanke an etwas, das wir nicht möchten, ist ein verschwendeter Gedanke und entfernt uns von der Manifestation. Er muss ab jetzt leider draußen bleiben.

Wenn wir also möchten, dass unsere Visualisierung reine Erfüllungsenergie erzeugen soll, dann springen wir ab jetzt immer wieder von unserem Ist-Zustand in den Wunsch-Zustand. Wir beschäftigen uns ab jetzt nur noch mit den Dingen, die wir möchten, und nicht länger mit den anderen Dingen – wir sind ja nicht blöd.

In deiner Visualisierung darf nicht einmal der Hauch einer Sorge vorkommen.

Visualisierungsregel Nr. 2

Das Ergebnis visualisieren. Diese verflixten Fragen …

Wunderbar, wir haben uns von den Gedanken an den Ist-Zustand und Gedanken an Dinge, die wir nicht länger haben und erleben möchten, verabschiedet. Sie passen nicht länger in unser Leben. Adieu und Goodbye.

Nur »Loser« beschäftigen sich mit solchen Gedanken. Das stimmt zwar nicht ganz, aber ich drücke das jetzt mal so derb aus, damit unser Verstand das auch wirklich checkt.

Unser Gehirn liebt es nämlich, immer wieder in alte Denkstrukturen zurückzufallen, aber eins weiß ich genau: Unser Verstand will auf keinen Fall ein »Loser« sein – das liebt er nämlich gar nicht. Im Gegenteil. Unser Verstand möchte gerne auf der Gewinnerseite stehen und sich gut fühlen.

Das können wir ausnutzen, und deshalb kann uns unser Verstand hier gute Dienste erweisen – wir machen ihn zu unserem Manifestationswerkzeug und nutzen ihn für die Erfüllung. Wir sagen ihm, dass er nur dann ein Gewinner sein wird, wenn er sich die Erfüllung unserer Wünsche

vorstellt. Nur wenn er sich den Zustand der Erfüllung genau vorstellt. Wir sagen ihm: Wenn der Zustand der Erfüllung eingetreten ist, dann hat er wirklich gewonnen. Komm, wir flüstern ihm das gleich mal zu. Pst.
Wir flüstern ihm zu: *»Lieber Verstand, nur wenn du dir die Erfüllung vorstellst, dann wirst du ein Gewinner sein.«*

Unser Verstand und wir – wir sind ab jetzt ein Team, ein sensationelles Manifestationsteam. *»Lieber Verstand, ich und du, wir sind ab jetzt Gewinner.«*

Merkst du, wie dein Verstand sich geschmeichelt fühlt? Meiner plustert sich fast auf, wie ein Gockel, aber gönnen wir ihm das, er soll ja schließlich etwas für uns tun und uns keinen Strich durch die Rechnung machen.

Gut, die Sache mit dem Verstand haben wir im Griff, der steht unserer Visualisierung nicht länger im Weg. Schauen wir uns jetzt diese 2. Regel noch einmal genauer an: Für eine gelungene Visualisierung müssen wir in den Zustand der Erfüllung eintauchen. Das ist wichtig, weil hier das Gesetz der Anziehung wirkt: Nur Erfüllung zieht Erfüllung an.

Wenn wir also die Erfüllung unseres Wunsches möglichst zügig in unser Leben ziehen möchten, dann müssen wir uns die Erfüllung vorstellen. Wir müssen so tun, als hätte sich unser Wunsch schon erfüllt. Auch das ist leider alternativlos.

Ich weiß, dass an dieser Stelle viele etwas verzweifeln. Oder sagen wir besser, dass viele Menschen Schwierigkeiten haben, sich die Erfüllung vorzustellen. Aber wir müssen das lernen. Sonst ist die Visualisierung schon hier quasi beendet. Und wir fangen ja gerade erst an mit der Manifestation.
Also ganz entscheidend: Tauche in deinen Wunsch-Zustand ein und tue in deinen Gedanken so, als sei das bereits der Ist-Zustand. Wenn du dir eine Partnerschaft wünschst, dann tue so, als ob du bereits einen wunderbaren Partner hättest. Wenn du mehr Geld möchtest, dann tue so, als hättest du es bereits – also in Gedanken! Wenn du eine neue Wohnung möchtest, dann tue in Gedanken so, als würdest du bereits darin wohnen, etc. Das ist unglaublich wichtig. Diese So-tun-als-ob-es-schon-wahr-wäre-Gedanken erzeugen die stärkste Manifestationsenergie, die du dir vorstellen kannst. Mit dieser Energie ist alles möglich. Gebündelter und effektiver geht es nicht. Die So-tun-als-ob-es-wahr-wäre-Energie sendet reine Erfüllungsenergie aus. Nichts zieht die Erfüllung besser an als genau diese Energie.

Viele von uns wissen das theoretisch vielleicht schon, und doch gibt es in der Praxis öfter Probleme hierbei.
Wir verlassen dann während der Visualisierung den Zustand der Erfüllung und stellen uns Fragen: Wie unser Wunsch wohl erfüllt werden wird. Oder wann er sich erfüllen wird. Oder wo er sich erfüllt. Und genau diese Fragen machen alles wieder kaputt.

Wir haben mit diesen Gedanken den Endzustand oder Zielzustand, also den Zustand der Erfüllung, verlassen und sind zurückgegangen – wir sind jetzt in Gedanken nicht mehr in der Erfüllung, sondern auf dem Weg dorthin. Das ist Mist.
Wenn wir »den Weg« aussenden, dann bekommen wir »die Wegstrecke« geliefert! Gesetz der Anziehung.
Aber wir wollen doch jetzt endlich ankommen! Wir wollen doch gar nicht weiter immer nur »auf dem Weg« zur Erfüllung sein. Also ich zumindest nicht. Ich will jetzt ankommen! Und du doch auch, oder? Und deshalb ist es ganz wichtig, dass wir der Verlockung, uns Gedanken über das Wie, Wann und Wo zu machen, nicht mehr nachgeben. In unserem eigenen Interesse! Sonst ist das ungefähr so, als würdest du bei Monopoly die Karte »Zurück auf Los« ziehen. Ich hasse diese Karte.
Ich möchte lieber diese Karte: »Rücke vor zur Schlossallee«.

Also halten wir fest: Wenn du dir die Erfüllung deines Wunsches vorstellst und so tust, als sei er schon wahr geworden, dann ist das im übertragenen Sinne die Karte: »Rücke vor zur Schlossallee«.

Wenn du dir aber nur den Weg zur Erfüllung vorstellst, also wie, wann und wo die Erfüllung eintreten wird, dann ist das im übertragenen Sinne die Karte: »Gehe zurück auf Los« oder »Gehe ins Gefängnis und setze drei Runden aus«.

Wir entscheiden selbst, in welche Richtung wir gehen. Also ich gehe zur Schlossallee – kommst du mit, oder willst du lieber ins Gefängnis?

Du fragst, warum es so schlimm ist, sich den Weg vorzustellen? Ganz einfach, weil wir nur kleine Menschen sind und uns gar nicht vorstellen können, was alles möglich ist. Das Universum hat so großartige Möglichkeiten, uns zu unserer Wunscherfüllung zu führen, das liegt außerhalb unseres Denkvermögens. Also, verderben wir uns nicht länger selber die Tour.
Vergessen wir bei unserer Visualisierung »den Weg«.

Damit wir diese wichtige Erkenntnis nicht wieder vergessen, erteilen wir uns noch ein Denkverbot, okay?
Ab jetzt sind bei der Visualisierung Gedanken an den Weg zur Erfüllung tabu und gestrichen. *Stopp. Das ist verboten. Das darf ich nicht!*

Sehr gut, wäre doch gelacht, wenn wir diese Visualisierungsspielverderber nicht verbannen könnten.

Wir rücken vor zur Schlossallee.

Zwischenspiel: Ein Experiment

Kleine Visualisierungsübung, um unsere Vorstellungskraft zu trainieren

Das Wichtigste bei der Visualisierung ist ja, dass wir uns die Erfüllung in unseren Gedanken gut vorstellen können. Damit das gelingt, brauchen wir eine möglichst gute Vorstellungsgabe. Je besser diese ist, umso besser wird unsere Visualisierung. Und das Gute ist, diese Vorstellungsgabe kann man trainieren. Man kann sie trainieren, wie man einen Muskel trainieren kann.

Es gibt Übungen, speziell zur Optimierung unserer Vorstellungskraft. Das ist quasi wie ein Vorstellungs-Workout. Mit jeder Übung verbessern wir unsere Fähigkeiten und stärken unsere Vorstellungsgabe. Wie Sit-ups unsere Bauchmuskeln stärken, so stärkt diese Übung unsere Vorstellungskraft.

Die erste Übung dafür ist diese:

Der Farbenspaziergang

Schließe deine Augen und stelle dir Folgendes vor: Du betrittst einen leeren Raum, der komplett in die Farbe Gelb getaucht ist. Die Wände sind gelb, der Boden ist

gelb, die Decken sind gelb. Schau dich um und sieh diesen gelben Raum. Nun gehe in den nächsten Raum, das ist der grüne Raum. Auch dieser Raum ist leer, und alles ist in die Farbe Grün getaucht. Sieh dich um. Gehe nun in den nächsten Raum, das ist der blaue Raum, und hier sind alle Wände, der Boden und die Decke in der Farbe Blau gestrichen. Gehe nun in den vierten und letzten Raum, den roten Salon. Dieser Raum ist komplett in der Farbe Rot gehalten. Sieh dich in Ruhe um, und lasse das Rot auf dich wirken.
Öffne nun wieder deine Augen. Das war der Farbenspaziergang.

Und, wie hat es geklappt? Konntest du dir die Farben gut vorstellen? Wunderbar. Wenn nicht, ist das aber auch kein Problem. Manchmal hat man am Anfang noch etwas Schwierigkeiten mit dem »Farbenvorstellen«, aber das wird mit der Zeit. Gehe einfach ab und zu durch diese Räume. Denk daran, das ist genau wie bei einem Workout. Ein einmaliges Training bringt nicht so viel – mehrmaliges Training dagegen erzielt tolle Ergebnisse.

Visualisiere mit allen Sinnen: Fühlen, Sehen, Hören, Schmecken, Riechen

Wir kommen der Erfüllung noch ein Stückchen näher. Ein wichtiger Trick für das Gelingen unserer Visualisierung ist nämlich dieser – und er wird leider häufig nicht genug beachtet: Es ist die sogenannte »Sinnesregel«. Und genau diese bringt uns wieder einen entscheidenden Schritt weiter.

Es sind unsere Sinne, die dem Laserstrahl zur Erfüllung das nötige »Feuer« geben. Oder sagen wir: die nötige Leidenschaft. Denn eins steht fest, eine Visualisierung ohne Feuer und Leidenschaft funktioniert nicht. Sie ist zu emotionslos und lahm und erzeugt dadurch eine lahme Energie. Da kommt dann wieder unser Gesetz der Anziehung ins Spiel: Eine lahme Visualisierung zieht etwas Lahmes ins Leben. Da stimmt die Energie einfach nicht. Stell dir mal eine Rakete vor, die mit lahmer Energie starten soll. Entweder sie startet erst gar nicht oder sie fällt gleich nach dem Start wieder auf die Erde. Und genau so ist das mit unserer Visualisierung auch.

Aber die Frage ist ja jetzt: Wie erzeugen wir eine Energie, die feurig und voller Leidenschaft ist, damit unsere Visualisierung Richtung Universum, Richtung Wunscherfüllung fliegt und uns nicht wieder vor die Füße fällt?

Das schaffen wir, indem wir unsere Sinne mit ins Boot nehmen bzw. in die Rakete. Wir müssen erstens so tun, als ob unser Wunsch sich bereits erfüllt hätte, und dazu müssen wir zweitens unsere Erfüllung fühlen, sehen, riechen, schmecken und hören. Wir müssen sie erleben. Dieses Erleben mit unseren Sinnen lässt Gefühle in uns entstehen. Und es sind diese Gefühle, die wie ein Turbo wirken. Unsere Gefühle sind eine wunderbare Antriebskraft. Das ist alles, aber nicht mehr lahm.
Und es wandelt uns um – von einem passiven Betrachter zu einem aktiven Gestalter.

Dieser Energie kann keine Erfüllung widerstehen. Die Erfüllung füllt sich von dieser Energie magnetisch angezogen. Beteiligen wir all unsere Sinne bei unserer Visualisierung – dafür haben wir sie ja, und sie freuen sich, wenn sie uns behilflich sein können. Denn sie wünschen sich die Wunscherfüllung ja genauso, dann können sie sich ausleben.

Das *Sehen* haben wir ja schon geübt. Wir sehen die Erfüllung vor unserem inneren Auge. Nun nehmen wir das *Fühlen* hinzu. Wie fühlst du dich in deiner Erfüllung? Wenn du zum Beispiel eine neue Wohnung in dein Leben ziehen möchtest, dann stell dir vor, wie du dich in deinem neuen Zuhause fühlst. Fühle dein Wohlgefühl. Fühle es ganz intensiv.

Das Gleiche gilt für alle Bereiche, für alle Wünsche. Welchen Wunsch auch immer du in dein Leben ziehen möchtest, das Fühlen spielt eine wichtige Rolle. Und das Fühlen können wir noch erweitern in ein echtes Fühlen – mit den Händen fühlen.

Wenn du einen Partner anziehen möchtest, dann fühle, wie sich die Haut deines Partners anfühlt oder wie es sich für dich anfühlt, wenn er/sie dir über das Haar streichelt. Fühle, wie seine/ihre Hand in deiner Hand liegt. Wenn du heiraten möchtest, dann fühle in Gedanken den Ring an deinem Finger.

Wenn du eine neue Wohnung oder ein Haus anziehen möchtest, dann gehe durch die Räume und fühle sie mit deiner Hand, zum Beispiel kannst du in deiner Vorstellung mit deiner Hand über das Sofa streichen und den Sofastoff fühlen. Oder streiche über die Tischoberfläche und fühle, was immer du fühlen möchtest. Hauptsache, du fühlst.

Spürst du, wie augenblicklich eine intensivere Energie entsteht? Das ist total beeindruckend, und das ist ein absoluter Erfüllungsbeschleuniger.

Und jetzt geben wir noch mehr »Feuer« in unsere Visualisierung und konzentrieren uns einen Moment aufs *Hören*. Wir hören in unsere Erfüllung hinein. Was hörst du?

Schauen wir uns wieder das Thema Partnerschaft an: Höre, wie ihr zusammen lacht, höre Worte und den Satz »Ich liebe dich«. Höre, wie ihr im Restaurant sitzt und euch wunderbar unterhaltet.

Wenn du eine neue Stelle anziehen möchtest, dann höre in deinen neuen Arbeitsplatz hinein. Höre, wie deine Chefin oder dein Chef dich lobt und sagt, wie froh alle sind, dass du mit im Team bist. Höre, wie die anderen klatschen, als du vorgestellt wirst, usw. Höre in deine Erfüllung hinein ...
Spürst du, wie unser Hören die Energie noch einmal verstärkt und intensiviert?

Und das ist immer noch nicht alles: Jetzt *riechen* wir noch in die Erfüllung hinein. Wie riecht deine Erfüllung?

Wenn du dir zum Beispiel vorstellst, dass du mit deinem Partner händchenhaltend am Strand entlangspazierst, dann rieche das Meer und die wunderbare Luft.
Wenn dein Wunsch mehr Zeit für dich selbst ist, dann rieche zum Beispiel den Duft von Räucherstäbchen oder einen Duft, den du mit Entspannung verbindest, zum Beispiel können das auch Rosenblätter sein oder der Geruch eines Wellnessbades. Was auch immer dein Wunsch ist,

verbinde einen wohligen Geruch damit. Und rufe diesen Duft bei deiner Visualisierung immer auf. Es ist der Duft der Erfüllung.

Und nun nehmen wir der Vollständigkeit halber noch das *Schmecken* dazu. Wie schmeckt deine Erfüllung? Schaffe dir auch hier einen »Geschmacksanker« für die Erfüllung. Zum Beispiel der Geschmack von einem Schluck Sekt, mit dem du auf deine neue Stelle anstößt, oder den Geschmack von Erdbeeren, mit denen du und dein Partner euch gegenseitig füttert.

Es ist die Beteiligung unserer Sinne, die aus einer normalen Vorstellung eine Zaubervisualisierung macht.
Alle Menschen auf der Welt, die gut visualisieren können, wissen das. Und wir wissen es jetzt endlich auch.

Interessant, nicht wahr? Ich finde das total spannend, und es wird noch spannender: Es wird der Moment kommen, da ist deine Visualisierung Realität geworden. Das geht gar nicht anders. Und das ist jedes Mal ein ganz besonderer und absolut intensiver Moment – man spürt dann auf einmal, was alles möglich ist und dass es viel mehr zwischen Himmel und Erde gibt, als uns bewusst ist.

Manchmal weiß man im ersten Moment gar nicht: Visualisiere ich noch? Oder ist das jetzt tatsächlich wahr geworden? Und dann verstehst du langsam: Krass, das ist ja jetzt tatsächlich passiert! Es hat sich tatsächlich erfüllt.

Und oft nimmt man genau in diesen Momenten den Duft der Visualisierung wahr, die Meeresbrise oder den Rosenduft oder Sandelholz. Das ist so ein magischer Moment. Ich liebe diese Erfüllungsmomente. Ich kann gar nicht genug davon bekommen ...

Denke an den Duft der Erfüllung.

Und weil diese Regel ziemlich intensiv ist, machen wir jetzt erst mal in Ruhe einen Strandspaziergang. Der tut unserer Seele gut. Aber nicht nur das, er kann noch viel mehr, das wirst du gleich sehen ... Hast du Lust?

Zwischenspiel: Ein Spaziergang am Meer

Die Sache mit dem Workout …

Schließe deine Augen und stell dir vor, du bist seit langem mal wieder am Meer. Du erblickst das Meer und bist überwältigt von dieser Weite. Du ziehst deine Schuhe aus und gehst zum Strand. Du spürst den Sand unter deinen Füßen. Du spürst, wie der Sand deine Füße und deine Zehen regelrecht massiert.

Das tut gut. Du hörst das wunderbare Rauschen der Wellen. Du riechst diese wunderbar frische Meeresluft und atmest immer wieder tief ein. Und du spürst, wie deine Lungen sich freuen und sich mit Sauerstoff füllen. Du fühlst dabei den leichten Meereswind in deinen Haaren. Es fühlt sich an, als würde diese Brise dich sanft streicheln. Du gehst am Meer entlang, mal mit den Füßen im Sand, dann wieder kurz im Wasser. Du siehst am Strand überall Muscheln und hebst ab und zu eine besonders schöne Muschel auf. Du schmeckst das Salz, das in der Luft ist, auf deiner Zunge. Du hörst die Möwen kreischen und siehst, wie sie sich vom Wind spielerisch herumwirbeln lassen. Alles fällt von dir ab und du bist glücklich – rundum glücklich.

Du gehst noch eine ganze Weile am Meer entlang und genießt und irgendwann, wann immer du möchtest, öffnest du wieder deine Augen.

Und? Hat dir dieser Strandspaziergang auch so gutgetan?
Ich liebe ihn und mache ihn sehr oft. Das Gute an diesem Spaziergang ist, dass er nicht nur unserer Seele guttut, sondern dass er gleichzeitig ein wunderbares Training für unsere Visualisierung ist.

Wir trainieren mit diesem Spaziergang am Meer, unsere Sinne einzusetzen.

Wir sehen:	das Meer, die Muscheln, die Möwen, die Weite.
Wir fühlen:	den Wind in unseren Haaren.
Wir riechen:	die wunderbare Meeresluft.
Wir hören:	die Möwen und das Rauschen der Wellen.
Wir schmecken:	das Salz auf unserer Zunge.

Perfekt, nicht wahr? Gehen wir in Gedanken möglichst oft am Meer spazieren. Das ist gut für die Erfüllung und für unsere Seele. Zwei »Fliegen« mit einem Spaziergang ...

Visualisierungsregel Nr. 4

Achte auf die Details! Und viele Grüße von Goethe und Fontane …

Ich hoffe, du hast dich bei unserem Strandspaziergang genauso gut erholt wie ich und bist jetzt bereit für die nächste Regel. Sie ist sehr interessant. Du wunderst dich vielleicht, was die beiden Schriftsteller Johann Wolfgang von Goethe und Theodor Fontane mit Visualisierung zu tun haben sollen? Nach dem Motto: Wenn ich an Goethe denke, denke ich an »Faust«, bei Fontane an »Effi Briest« und sonst keine Ahnung. Was bitte haben diese beiden mit meiner Visualisierung zu tun?
Kann ich dir sagen: Es gibt von beiden je ein Zitat, das wir uns für unsere Visualisierung merken können, denn diese beiden Zitate erinnern uns an etwas.

Hier das Zitat von unserem geschätzten Dichter Johann Wolfgang von Goethe:

»Willst du dich
am Ganzen erquicken,
so musst du das Ganze
im Kleinsten erblicken.«

Und genau das erinnert uns daran, dass wir uns neben dem großen Ganzen, der Erfüllung, auch mal das Kleinste näher anschauen sollten – denn auch in diesem Kleinen, in den Details, liegt die Erfüllung.

Aber da wir keine Geisteswissenschaftler sind, sondern Wunscherfüller schauen wir uns das mal rein praktisch an. Durch die Einbeziehung unserer Sinne sind wir ja schon etwas in den Bereich der Details vorgedrungen. Das ist schon einmal Gold wert. Wir können das aber noch intensivieren: Schauen wir uns zum Beispiel das Thema Wohnen an. Du läufst in deiner Vorstellung durch deine neuen Räume und beteiligst deine Sinne: Sehen, Hören, Riechen, Schmecken, Fühlen.
Und nun gehst du noch einen Schritt weiter und füllst die Räume und deine Vorstellung mit weiteren Details. Du siehst zum Beispiel eine Vase mit Blumen, frische Gewürze wie Schnittlauch und Petersilie in der neuen, wunderschönen Wohnküche stehen, du siehst die Vorhänge oder Rollos vor den bodentiefen Fenstern, die Bettwäsche auf dem Bett, die Handtücher im Badezimmer ...

Thema Partnerschaft: Du stellst dir ein Essen im Restaurant vor und achtest auf die Details: Du siehst, wie ihr mit einem Glas Rotwein anstoßt, du siehst, wie die Kerze brennt. Wie bist du gekleidet? Wie ist das Ambiente?

Es sind diese Details, die unsere Visualisierung mit einer Extraportion Feuer und Leidenschaft füllen. Sie sind quasi das Pfeffer in deiner Vorstellung. Wir würzen unsere Visualisierung ab jetzt mit einer Extraportion Pfeffer – einfach indem wir uns Details der Erfüllung vorstellen.

Ach ja, ich hatte dir ja noch das Zitat von Theodor Fontane versprochen. Hier ist es:

»Der Zauber liegt im Detail.«

Da hat er recht: Der Zauber liegt im Detail. Übertragen auf die Wunscherfüllung heißt das: Der Zauber unserer Visualisierung liegt im Detail. Genau so ist es.

Neulich hat mich jemand gefragt – und ich finde das ist eine sehr interessante Frage: »Ist das nicht ein Paradox? Auf der einen Seite sollen wir uns Details der Erfüllung vorstellen, aber auf der anderen Seite sollen wir das Universum nicht beschränken und ihm genügend Möglichkeiten für die Erfüllung lassen. Das verstehe ich nicht wirklich. Beschränken wir die Möglichkeiten des Universums nicht, wenn wir uns Details vorstellen?«

Stimmt, das hört sich zunächst einmal widersprüchlich an. Ist es aber in Wahrheit nicht.

Das Vorstellen von Details dient nämlich nur dazu, unserer Visualisierung diese intensive, wunderbare Energie zu geben. Die Vorstellung der Details ist, wie gesagt, der Pfeffer in unserer Vorstellung. Wir wollen die Details gar nicht unbedingt manifestieren – in Wahrheit sind sie eher unwichtig. Ist uns ja letztlich völlig egal, ob da eine Vase steht und was man für ein Kleid trägt. Das Wichtige an den Details ist, dass das Ganze darin wohnt – also die Erfüllung, die Erfüllung unserer Wünsche.

Wir beschränken mit der Detailvorstellung also nicht die Möglichkeiten, sondern machen damit im Gegenteil die Tür zum Universum noch weiter auf.

Hat meine Visualisierung genug Pfeffer?

Zwischenspiel: Die Shoppingtour

Weil Übung den Meister macht und wir die Tür zur Erfüllung noch weiter aufmachen wollen, gehen wir jetzt shoppen.

Die Übung »Shoppingtour« dient dazu, unsere Detailvorstellungsgabe zu trainieren. Ich habe für uns jetzt mal eine Tour durch ein bekanntes schwedisches Möbelhaus gewählt – einfach, weil das jeder kennt. Und wo wir schon bei IKEA sind, können wir uns gleich noch etwas von denen abschauen: Wir wandeln den bekannten IKEA-Werbeslogan »Wohnst du noch oder lebst du schon?« um in: »Stellst du dir nur vor oder visualisierst du schon?«
Ich sage dazu nur: Erfüllung, wir kommen. Und zwar in Riesenschritten.
Und vielen Dank, ihr lieben Schweden, für die Sloganvorlage …

Wir machen eine Shoppingtour

Schließe deine Augen und stell dir vor, du gehst durch einen IKEA-Store. Du läufst durch die Wohnabteilung, fühlst über die Sofas, siehst das Kissen auf dem Sofa, das Regal daneben. Du nimmst den kleinen Elefanten, der in dem Regal steht, in die Hand, bewunderst ihn und legst ihn in deinen Korb. Du gehst in Ruhe weiter ... Stell dir jetzt vor, was immer du möchtest, und achte auf so viele Details, wie du nur kannst ...

Achtung: Das ist keine Werbung für IKEA! Für diese Übung kannst du auch durch ein beliebiges Kaufhaus schlendern oder einen Bummel durch die Stadt machen. Entscheidend ist, dass du hierbei auf die Details achtest.

Der Zauber liegt im Detail.

Visualisierungsregel Nr. 5

Deine Freunde und Familie

Bis jetzt sind wir alleine durch unsere Visualisierung gestiefelt und haben uns näher mit ihr vertraut gemacht. Nun gehen wir noch einen Schritt weiter. Wir laden nun noch unsere Freunde und Familie ein. Wir laden sie ein, mit in unsere Erfüllung zu kommen. Aber, weißt du was, wir fragen sie gar nicht: Wir nehmen sie einfach mit. Aber nur die, die uns richtig wohlgesonnen sind. Die anderen können im Jetzt bleiben. Wir haben ja alle den ein oder anderen in der Familie und manchmal auch im Freundeskreis, der einem nicht die Butter auf dem Brot und das Schwarze unter den Fingernägeln gönnt. Stimmt doch, oder? Aber die vergessen wir jetzt einfach mal.

Was also machen unsere Freunde und Familie in unserer Visualisierung? Warum spannen wir sie ein? Die Antwort lautet: weil sie unserer Visualisierung zusätzliche Lebendigkeit verleihen. Sie sollen für uns tanzen und klatschen, sie sollen mit uns anstoßen und kochen, sie sollen mit uns lachen und glücklich sein – kurz, sie sollen und werden unserer Erfüllung das pralle Leben einhauchen.

Nehmen wir das Beispiel mit einer neuen Wohnung. Bisher sind wir durch die neuen Räume gegangen, haben uns alles genau angeschaut, gefühlt, wie schön es ist, und Pfeffer drüber gestreut. Nun füllen wir die Räume noch mit einer Portion zusätzlicher Lebendigkeit: Wir bekommen Besuch in unserer Visualisierung. Stell dir vor, wie deine Freunde und Familie die neue Wohnung zum ersten Mal sehen und wie begeistert sie von der neuen Wohnung sind und dir von Herzen gratulieren. Sieh, wie ihr mit Sekt auf dieses Glück anstoßt. Sieh, wie ihr zusammen in eurer wunderschönen neuen Küche kocht und lacht und redet. Oder sieh, wie ihr auf der Terrasse sitzt und grillt, der Mond scheint und es ist eine wunderschöne laue Sommernacht. Sieh, wie ihr im Wohnzimmer zusammen tanzt und euch alle freut. Spüre diese lebendige Atmosphäre.

Wenn du heiraten möchtest, dann sieh, wie sich die Gäste mit dir freuen. Sieh deine Freunde und Familie, wie sie dir gratulieren, dich umarmen und wie alle glücklich sind.

Wenn du eine neue Stelle möchtest, dann sieh, wie du mit deinen Freunden und deiner Familie auf deinen Erfolg anstößt und so weiter.

Das Anstoßen und Feiern mit unseren Freunden und unserer Familie setzt eine ganz wunderbare und effektive Erfüllungsenergie frei. Das Anstoßen und das gemeinsame Feiern machen deutlich, dass wir Erfolg hatten, alles sendet also gewissermaßen auch Erfolgsenergie aus. Es füllt die Visualisierung mit purem Leben. Wir springen dadurch voller Leichtigkeit direkt in die Erfüllung und schalten damit gleichzeitig auch sämtliche möglichen Zweifel aus.

Auch wenn du zum Beispiel den Wunsch »Mehr Zeit für mich alleine« visualisieren möchtest, können Familie oder Freunde in deiner Visualisierung behilflich sein. Jetzt denkst du vielleicht: ›Aber was sollen die da? Ich will doch meine Ruhe haben.‹ Sie sollen dich auch nicht stören, aber sie sollen dich loben und dir Komplimente machen.
Sieh und höre in deiner Visualisierung, wie zum Beispiel deine Freundin oder irgendjemand zu dir sagt, wie wunderbar erholt und entspannt du wirkst und aussiehst. Höre, wie sie sagen, wie positiv du dich verändert hast und wie sehr du jetzt von innen heraus strahlst. Kurz: Höre ihre von Herzen kommenden Komplimente. Diese Kraft der Komplimente hat eine super Energie.

Du siehst also, unsere Freunde und Familie können sich endlich mal richtig nützlich machen. Danke, ihr Lieben. Aber dafür werden wir die Erfüllung ja auch mit ihnen feiern und sie einladen. Also eigentlich müssten sie sich bei uns bedanken, wenn ich es mir so richtig überlege ...

Wichtiger Tipp für unsere Visualisierung:

Wir lassen unsere Freunde und Familie antanzen, aber nur die Netten.

ZWISCHENSPIEL

Wir vertiefen diese Familien- und Freundesgeschichte noch etwas. In diesem Fall nutzen wir jetzt mal ausnahmsweise die Vergangenheit für unsere Zukunft.
In die Erinnerung einzutauchen aktiviert die Vorstellungskraft – es ist nur ein Erinnern, aber dieses Erinnern wird zu einem Sprungbrett in die Zukunft. Es ist eine Erfolgserinnerung.

Wir machen jetzt die »Erfolgs-Erinnerungs-Übung«, auch genannt: das **»Erfolgssprungbrett«**.

Los geht's: Erinnere dich an eine Erfolgssituation in deinem Leben. Zum Beispiel an deinen Schulabschluss oder Lehrabschluss oder Studienabschluss oder an deine bestandene Führerscheinprüfung oder an irgendetwas in dieser Art – eine Situation, in der dir andere gratuliert haben.
Tauche ein in diese Situation und erinnere dich an deine Glücksgefühle von damals. Höre, wie die anderen dir gratulieren und auf die Schulter klopfen. Erinnere dich daran, wie glücklich und stolz du warst. Fühle dieses Gefühl noch einmal ganz intensiv – ganz intensiv.

Und nun nimm genau dieses glückliche Gefühl mit in die Erfüllung deines jetzigen Wunsches. Genau so funktioniert das Erfolgssprungbrett.

Weißt du, wir alle halten uns viel zu sehr mit Dingen und Situationen auf, in denen etwas nicht geklappt hat. Viel zu oft und viel zu lange. Aber das ist dann leider kein Sprungbrett in den Erfolg, sondern ein Sprungbrett in den Misthaufen.
Und da wollen wir ja nicht hin – du ja auch nicht, oder? Also, auch wenn wir nur ein einziges Erfolgserlebnis im Leben hatten – nutzen wir das. Nutzen wir das Erfolgssprungbrett – es ist ein Sprungbrett in die Erfüllung unserer Wünsche. Und danach können wir uns auch ruhig mal selber gratulieren, auf die Schulter klopfen und sagen: »Gut gemacht. Meine Visualisierung war der Hammer – das habe ich ganz grandios gemacht.«

Visualisierungsregel Nr. 6

Unsere Glücksgefühle

Unsere Wunsch-Erfüllungs-Vorstellung ist jetzt bereits sehr lebendig, begeisternd und wirksam. Trotzdem ist sie noch nicht ganz fertig. Das ist vergleichbar mit dem Kochen und Abschmecken eines guten Essens: Wir haben unsere Vorstellung schon sehr gut gewürzt und abgeschmeckt, aber irgendetwas fehlt noch. Und das stimmt – es fehlt tatsächlich noch etwas ganz Entscheidendes. Und das sind unsere Glücksgefühle.
Genau diese Glücksgefühle sind es nämlich, die später den Unterschied machen. Sie sind es, die letztlich die Erfüllung tatsächlich anziehen. Unsere Glücksgefühle sind der Turbo jeder Manifestation. Unsere Glücksgefühle wirken so, als hätten wir ein Moped frisiert – vorher ist es nur 45 km/h gefahren, jetzt fährt es 80 km/h. Unsere Glücksgefühle sind ein echter Turbo für die Anziehung der Erfüllung.

Unsere Glücksgefühle schaffen nämlich mehrere Dinge gleichzeitig: Sie verscheuchen jeden übrig gebliebenen inneren Zweifel, und sie senden Wissensenergie aus. Du fragst, was Wissensenergie ist? Wissensenergie ist das Gegenteil von Hoffenenergie. Und das ist auch etwas ganz Wichtiges für die Manifestation, das wir unbedingt beachten müssen. Das ist sogar von elementarer Bedeutung: Alle Menschen, die besonders gut manifestieren können, haben dieses innere tiefe Wissen. Sie *wissen*, dass die Erfüllung in ihr Leben treten wird. Und das ist der Unterschied, denn die meisten von uns *hoffen*, dass sich ihr Wunsch erfüllen wird. Aber hoffen ist hoffen. Und du weißt ja, was mit der Hoffnung passiert? Sie stirbt. Die Hoffnung stirbt.

Das Wissen dagegen stirbt nicht, sondern ist quietschlebendig. Deshalb führt ausschließlich das *Wissen* zur Erfüllung. Hoffen führt in eine Sackgasse, Wissen zur Erfüllung.

Und genau dafür sind unsere Glücksgefühle so wichtig. Schauen wir uns unsere Visualisierung noch einmal näher an, zum Beispiel die neue Wohnung: Du gehst durch die Räume und nimmst die Details wahr, du hörst, wie deine Freunde und Familie dir gratulieren, und jetzt kommen unsere Glücksgefühle ins Spiel. Fühle die Glücksgefühle, die du in dieser Wohnung fühlen wirst, fühle sie ganz intensiv. Spüre das Glück in deinem Herzen – das ist wichtig: Stell dir deine Glücksgefühle nicht nur in deinem Kopf vor, sondern fühle sie in deinem Herzen. Und zwar jetzt. Das ist nämlich der Trick: Die Glücksgefühle ins Jetzt holen. Glücksgefühle sind neurologische Verstärker und ziehen die Erfüllung, also die Verwirklichung, schneller an. Ohne das Fühlen der Glücksgefühle fehlt unserer Visualisierung das gewisse Extra.

Und wenn du richtig Gas geben willst, dann kannst du diese Glücksgefühle ruhig mehrere Male am Tag (super wären 3 Mal) innerlich aufrufen – und wenn es nur für eine Sekunde ist. Und ganz besonders wirksam ist es, wenn du dazu noch die folgende Erfüllungsaffirmation sagst. Du fühlst deine Glücksgefühle in deinem Herzen und sagst dazu diese Affirmation: *»Krass, jetzt haben sich tatsächlich alle meine Wünsche erfüllt.«*

Spürst du die Energie hinter dieser kraftvollen Affirmation? Sie wirkt wie ein Schuss Tabasco oder ein Löffel Curry im Essen. Die Kombi aus unserem Glücksgefühl und dieser Affirmation ist feurig. Und genau das ist super. Genau dieses Feuer befeuert die »Erfüllungsrakete«.
Je öfter wir gedanklich kurz in die Erfüllung eintauchen und dabei die Glücksgefühle, die wir bei der Erfüllung fühlen werden, jetzt schon fühlen, umso stärker ziehen wir die Manifestation an. Diese Glücksgefühle sind ein absolut intensiver Laserstrahl direkt mitten auf die Erfüllung. Unsere Glücksgefühle schaffen Fakten, Erfüllungsfakten.

Damit wir das nicht mehr vergessen – du weißt ja, wie vergesslich wir im Alltag sind, nach vier oder fünf Tagen sind wir wieder in unseren alten Mustern und die Glücksgefühle sind irgendwo zwischen Wäsche und Einkaufen verloren gegangen –, sollten wir uns einen Glücksanker schaffen. Einen Glücksanker, der uns an das Fühlen unserer Glücksgefühle erinnert. Zum Beispiel können wir hier auch wieder wunderbar die Ampel nehmen. Jedes Mal, wenn du an einer Ampel stehst, hältst du einen Moment inne, fühlst deine Glücksgefühle und sagst dir unsere Kraftaffirmation: »*Krass, jetzt haben sich tatsächlich alle meine Wünsche erfüllt.*«

**Wenn du Gas geben willst,
dann fühle 3 Mal am Tag intensive
Erfüllungs-Glücks-Gefühle.**

ZWISCHENÜBUNG

Wir machen einen kurzen Urlaubstrip. Wir fahren in den Urlaub – du fährst in den Urlaub. Also genau genommen ist die Übung eine Reise in die Vergangenheit, und sie dient dazu, unsere Vorstellungskraft zu trainieren. Übung macht den Meister. Los geht's! Die Übung heißt: Mein tollster Urlaub.

Was war dein tollster Urlaub? Erinnerst du dich noch an den schönsten Urlaub oder die tollste Reise, die du bisher erlebt hast? Welche Reise war das? An welchem Ort war das? Wie sah es dort aus? An welche Gerüche erinnerst du dich? Was hast du geschmeckt? Wie sah es dort aus? Welche Menschen waren dort? Welche Musik hast du gehört? Und so weiter ... Tauche ganz tief in die Erinnerung an diese Reise ein und gehe in deinen Gedanken darin spazieren. Was war das für ein toller Urlaub! Du spürst, wie die Freude aus diesem Urlaub auf dich überspringt. Spürst du sie?

Diese wunderbare Urlaubs-Erinnerungs-Übung hat gleich mehrere Vorteile:

- Sie eignet sich hervorragend dazu, unsere Vorstellungskraft zu schulen – wichtig für unsere Wunschvisualisierung.

- Sie erzeugt Glücksgefühle – davon können wir gar nicht genug bekommen.

- Sie gibt uns frische Energie – unsere Gedanken waren gerade im Urlaub.

Du siehst, so ein kurzer Urlaubstrip in deinen schönsten Urlaub tut richtig gut. Und das Beste ist, den können wir ja problemlos jederzeit wiederholen und so Glücksgefühle erzeugen, wir müssen nicht mal Koffer packen.

Manchmal mache ich in Gedanken auch einfach mal kurz einen Trip an irgendeinen Ort. Wozu ich gerade Lust habe. Gestern war ich zum Beispiel in Valencia – also in meinen Gedanken. Das ist dann zwar keine Erinnerungsübung, da war ich nämlich noch nicht, aber es war ein Kurzurlaub und er hat mir frische Energie gegeben. Ich saß mit netten Leuten in einer wunderschönen Tapas-Bar, wir haben lecker gegessen, Sangria getrunken, viel geredet und gelacht. Das kam mir zwar spanisch vor, war aber richtig schön. La vida es bella ...

Der wunderbare Schlusssatz

Das ging schnell: Jetzt sind wir schon bei der 7. und letzten Regel für unsere Erfolgsvisualisierung angekommen. Und dieser Punkt ist sozusagen das Sahnehäubchen, das kommt ja immer zum Schluss. Was also ist dieses Sahnehäubchen? Es ist ein Satz. Ein Satz, mit dem wir unsere Visualisierung abschließen können. Ein Satz, den wir am Ende unserer Erfüllungsvorstellung sagen sollen. Warum wir einen Satz sagen sollen? Erkläre ich dir gleich. Jetzt stell ich dir diesen Satz erst einmal vor. Also genau genommen sind es mehrere Sätze. Hier sind sie.

> *Danke, liebes Universum, dass du mir diesen Wunsch erfüllt hast.*
>
> *Danke. Danke. Danke.*
>
> *Du bist einfach großartig.*

Und während du diese beiden Sätze aussprichst oder innerlich denkst, solltest du optimalerweise zusätzlich ein tiefes Gefühl der Dankbarkeit spüren. Dieses Gefühl der Dankbarkeit ist ein wahrer Erfüllungsmagnet. Warum?

Weil es eine unglaubliche Energie aussendet – eine reine und warme, unfassbar intensive Energie.

Diese Dankbarkeitsenergie ist die wunderbarste Energie, die uns zur Verfügung steht. Die Energie unserer Glücksgefühle ist schon ein Turbo, aber die Energie der Dankbarkeit ist nicht zu toppen. In Wahrheit ist Dankbarkeit nämlich die kürzeste Verbindung zum Universum; es ist die kürzeste Verbindung zur Erfüllung unserer Wünsche. Alle Menschen, die ich getroffen habe, die richtig gut manifestieren können, haben ein tiefes Gefühl der Dankbarkeit in sich. Es ist unser Dankegefühl, unsere Dankeenergie, die buchstäblich die Türen zum Universum öffnet. Ich kenne keine intensivere Erfüllungsenergie als diese.

Wenn wir unsere Visualisierung also mit dieser wunderbaren Energie beenden, dann hüllen wir die gesamte Visualisierung quasi in diese Energie ein.
Besser geht es nicht. Und wenn ich mir das jetzt so überlege, dann ist das kein Sahnehäubchen, sondern eher eine Art Segen. Ja, das trifft es gut. Unsere Visualisierung wird durch diesen wunderbaren Abschluss gesegnet.

> Danke, liebes Universum, dass du mir diesen Wunsch erfüllt hast.
>
> Danke. Danke. Danke.
>
> Du bist einfach großartig.

Nichts kann die Erfüllung jetzt noch stoppen. Das wirst du sehen.

Unser Gefühl der Dankbarkeit ist der kürzeste Weg zum Universum.

Der richtige Zeitpunkt

Unsere Visualisierung steckt jetzt voller Leben und Begeisterung, und man kann die Erfüllungsenergie, die sie aussendet, richtig spüren. Jetzt stellen sich noch einige Fragen: Wann sollen wir visualisieren und uns die Erfüllung vorstellen? Kann man das immer machen oder gibt es eine bestimmte Uhrzeit oder einen bestimmten Zeitpunkt, der besonders gut dafür geeignet ist? Und reicht es eventuell sogar schon, wenn man sich die Erfüllung nur einmal intensiv vorstellt, oder soll man das vielleicht doch besser einmal im Monat oder sogar ein paar Mal in der Woche tun? Oder jeden Tag?
Fragen über Fragen.

Beginnen wir mit der letzten Frage:

Wie oft sollen wir visualisieren, damit wir ein möglichst gutes (und schnelles) Ergebnis erzielen?

Die Antwort ist: möglichst oft. Je öfter, umso besser. Wenn wir uns die Erfüllung nur alle paar Wochen oder alle paar Tage mal vorstellen, also visualisieren, dann ist das eindeutig zu selten. Weißt du auch, warum das zu wenig ist? Weil wir ja den Rest des Tages auch eine Energie aussenden. Wir senden fast den ganzen Tag die sogenannte Alltagsenergie aus. Wenn wir also 99 % der Zeit Alltagsenergie aussenden und nur 1 % Erfüllungsenergie, dann ist das natürlich zu wenig. Ist ja logisch, nicht wahr?

Und genau darum geht es: Es geht um die Erfüllungsenergie, die wir mit unserer Visualisierung aussenden. Je öfter wir diese wunderbare Energie aussenden, umso besser und effektiver ist es. Es ist jedes Mal, als würden wir unseren Laserstrahl mitten ins Herz unserer Erfüllung richten und sie damit in unser Leben ziehen.

Aber wir müssen es natürlich auch nicht übertreiben – wir haben ja auch noch andere Dinge zu tun, zum Beispiel arbeiten, Familie, Haushalt, einkaufen, Freunde, leben und genießen etc.
Dennoch sollten wir auf jeden Fall mindestens einmal am Tag in unseren Erfüllungsfilm eintauchen. Das ist schon wichtig. Wenn wir es mal vergessen, ist das kein Problem, aber als Richtschnur gilt: mindestens ein Mal am Tag!

Und wann ist denn der beste Zeitpunkt für die Visualisierung bzw. gibt es eine besonders günstige Uhrzeit dafür?

An sich kannst du deine Visualisierung machen, wann du möchtest, und sie in deinen Tagesablauf einbauen, wenn es für dich persönlich am besten passt. Du weißt ja, wie das ist: Wenn wir uns zu etwas zwingen müssen oder wir denken, dass wir eigentlich keine Zeit haben, dann werden wir schnell wieder damit aufhören. Wir sollten unsere Visualisierung daher so in unseren Tagesablauf integrieren, dass wir sie gerne machen.

Aber es gibt tatsächlich einen Zeitpunkt, der ganz besonders gut für unsere Visualisierung geeignet ist. Und das ist abends vor dem Einschlafen – entscheidend ist dabei: kurz vor dem Einschlafen. Ahnst du schon, warum dieser Zeitpunkt so besonders effektiv ist? Weil wir dann mit dieser Erfüllungsenergie einschlafen und sie mit in die Nacht nehmen. Und so kann sie ungestört die ganze Nacht für uns wirken. Besser geht es nicht.

Spüre mal den Unterschied: Wenn du die Visualisierung gegen 18 Uhr machst und anschließend noch eine Serie schaust, dann hast du zwar immerhin Erfüllungsenergie ausgesendet – und das ist besser, als gar nichts! –, aber nach deiner Visualisierung sendest du so noch stundenlang andere Energien aus. Wir bremsen so unsere Erfüllungsenergie wieder aus. Erst erzeugen wir unsere lebendige,

begeisternde Erfüllungsenergie, und danach stoppen wir sie, indem wir eine Serie oder Nachrichten schauen. Und das ist dann schade. Deswegen ist der Zeitpunkt vor dem Einschlafen so besonders günstig. Weil danach nichts mehr unsere faszinierende Visualisierungsenergie stoppt und sie wunderbar in Richtung Erfüllung fließen kann. Genau das ist das Geheimnis.
Und es gibt noch ein weiteres Geheimnis: Zusätzlich zu dieser abendlichen Visualisierung gibt es auch tagsüber eine effektive Möglichkeit, Erfüllungsenergie auszusenden. Dazu gleich mehr.

Wie lange sollte unsere Visualisierung dauern?

So lange, wie sie dauert. Das kann tatsächlich jeder machen, wie er möchte. Aber erfahrungsgemäß dauert eine intensive Visualisierung schon circa fünf bis zehn Minuten. Du kannst natürlich auch länger visualisieren, ganz so, wie du dich wohlfühlst. Du kannst auch mal variieren – an einem Tag visualisierst du länger, am nächsten eben mal kürzer. Wir sind ja keine Maschinen.

Die effektivste Methode, die Erfüllung in unsere Realität zu ziehen, ist übrigens die sogenannte Zwei-Säulen-Visualisierung:

Die Zwei-Säulen-Visualisierung

Die Zwei-Säulen-Visualisierung – das sagt ja schon der Name – besagt, dass unsere tägliche Visualisierung am besten auf zwei Säulen ruhen sollte: Die erste Säule ist unsere Visualisierung am Abend, die zweite Säule sind die Sekundenvisualisierungen während des Tages.

Diese Sekundenvisualisierungen sind echt Gold wert. Kennst du sie schon? Für eine Sekundenvisualisierung nimmst du einfach eine einzelne Szene aus deiner Visualisierung heraus. Das ist ein absolut toller Trick! Man nimmt sich eine einzelne Szene aus der Visualisierung heraus und stellt sich diese, ich nenne sie mal Sekundenszene, ganz oft vor.
Du glaubst nicht, was das ausmacht. Eine Sekunde hat man immer mal Zeit, zum Beispiel an der Kasse, an der Ampel, in Bus oder Bahn, beim Bäcker, im Aufzug usw.

Diese Sekunden-Erfüllungs-Szenen sind einfach großartig. Je öfter wir diese Sekundenvisualisierung machen, umso intensiver ziehen wir die Erfüllung an. Ich persönlich liebe sie sehr. Eine Sekundenvisualisierung ist ein ganz kurzes Eintauchen in die Erfüllung. Sie ist superwirkungsvoll. Sie bewirkt, dass wir immer wieder Erfüllungsenergie erzeugen und ins Universum schicken.
Und sie hat noch einen weiteren wunderbaren Nebeneffekt: Die Sekundenvisualisierung sorgt dafür, dass wir selber im Erfüllungszustand und im Universumsmodus

bleiben. Und das ist ja die Voraussetzung für die Erfüllung unserer Wünsche. Besser geht es also nicht.
Auch wenn wir mal Ärger haben – und den haben wir alle ja immer mal wieder –, können wir so verhindern, dass wir abrutschen. Wenn du mal merkst, dass du dich ärgerst, sagst du: »Sorry, lieber Ärger, keine Zeit.« Und dann wechselst du sofort in deine Sekundenvisualisierung.

Ich gebe dir mal ein paar Beispiele für Sekundenvisualisierungen, damit du ein besseres Gefühl dafür bekommst. Wichtig ist übrigens, dass du bei deiner Sekundenvorstellung jedes Mal ein tiefes Glücksgefühl bekommst. Du weißt ja, Glücksgefühle sind neurologische Verstärker und ziehen die Erfüllung schneller in unser Leben.
Also, nehmen wir als Beispiel, dass du heiraten willst: Du hast dir deine perfekte Visualisierung kreiert mit allem Drum und Dran und unter Berücksichtigung unserer 7 Erfolgsregeln. Nun nimmst du eine einzige Szene aus dieser Vorstellung heraus. Für unser Beispielthema Hochzeit eignet sich diese Sekundenvorstellung ganz wunderbar: der Ehering. Streiche mit dem Daumen deiner rechten Hand über deinen imaginären Ehering am Ringfinger deiner rechten Hand. Fühle den Ring. Und fühle deine Freude und dein Glück dabei.
Das war's schon. Ein oder zwei Sekunden.

Diese Übung kannst du problemlos immer mal wieder am Tag machen, an jeder Ampel, an der Kasse, im Aufzug, bei einer Tasse Tee ... immer mal wieder. Du hast keine Ahnung, wie unglaublich wirkungsvoll das ist. Eine Sekunde, die dein Leben verändern wird. Garantiert.

Hier noch ein Beispiel für eine Sekundenvisualisierung für das Thema Wohnung: Schlüssel umdrehen. Fühle, wie du die Tür deiner neuen Wohnung öffnest. Spüre, wie du den Schlüssel im Schloss umdrehst, die Tür sich öffnet, du eintrittst und ein Glücksgefühl dich durchströmt. Das war's schon. Stell dir immer mal wieder diese kurze Szene vor.

Du kannst natürlich auch jede andere beliebige Szene aus deiner Visualisierung für die Sekundenvorstellung herausnehmen. Aber achte auf diese zwei Dinge – sie sind es, die diese ganz besonders effektive Erfüllungsenergie erzeugen: Erstens, dass dich Glücksgefühle durchströmen. Zweitens, dass du etwas aus der Szene *fühlst*, wie zum Beispiel den Ring oder den Schlüssel.

Und jetzt schau dir mal den Unterschied an: Wenn du jeden Abend, sagen wir mal fünf Minuten, visualisierst, ist das schon toll und wird richtig viel bewirken. Wenn du nun dazu noch einige Male am Tag die Sekundenvisualisierung machst – ja, was soll ich sagen, das hat eine gigantische Wirkung. Das ist die vielleicht beste Investition in deine Zukunft. Wie gesagt, das sind Sekunden, die dein Leben verändern werden.

Und damit wir diese wunderbare Möglichkeit der Visualisierung auch möglichst häufig nutzen und sie in unserem meist hektischen Alltag nicht wieder vergessen, sollten wir uns Anker dafür schaffen. Anker, bei denen wir uns sofort erinnern: Moment mal, ich muss in meine Erfüllung eintauchen! Ich nenne sie auch Visualisierungsanker für die Sekundenvisualisierung oder einfach Sekundenanker. Das können zum Beispiel unsere Tassen Kaffee oder Tee sein: Jedes Mal, wenn du deine Tasse in der Hand hältst, gönnst du dir deine Sekunde und tauchst einen Minimoment in die Erfüllung ein.

Welche Anker du auswählst, spielt keine Rolle, wichtig ist nur, dass du diese Sekundenanker hast. Bei jemandem, der viel unterwegs ist, sind Ampeln sehr gut geeignet. Wenn man vor einer Ampel warten muss, kann man diese Zeit ganz wunderbar für die Sekundenvisualisierung nutzen. Wenn jemand allerdings überwiegend im Homeoffice ist, macht dieser Anker eher keinen Sinn. Suche dir also Erinnerungsanker für deine Sekundenvisualisierung, die in dein persönliches Leben passen: Minimomente, die eine unglaubliche Wirkung haben. Das wirst du schon bald sehen ...

Das geht und das geht nicht

Die Kombination dieser beiden Visualisierungen – der Abendvisualisierung und der Sekundenvisualisierung – ist einfach unschlagbar und die Wirkung ist absolut faszinierend. Was wir uns vorstellen, wird früher oder später zu unserer Realität, das steht fest.

Jetzt ist es aber so, dass wir nicht nur unsere eigenen Wünsche erfüllen möchten, sondern uns manchmal auch die Wünsche unserer Lieben, unserer Kinder oder unseres Partners sehr am Herzen liegen. Und wir würden ihnen gerne dabei helfen, die Erfüllung anzuziehen. Deshalb stellt sich die Frage: Dürfen wir eigentlich auch für andere visualisieren? Das würde sich ja anbieten, jetzt wo wir wissen, wie das geht und die Geheimnisse einer effektiven Visualisierung kennen.
Aber leider sollen wir das nicht. Weißt du auch, warum nicht? Weil wir uns nicht in das Leben der anderen einmischen dürfen. Und dem Universum nicht in die Quere kommen sollen.

Stell dir mal vor, du würdest etwas für deinen Partner visualisieren, von dem du denkst, dass es gut für ihn wäre.

In Wirklichkeit möchte er aber etwas anderes oder beginnt gerade innerlich zu verstehen, dass das Universum für ihn noch etwas viel Besseres vorgesehen hat, dann würden wir mit unserer gut gemeinten Visualisierung Türen zuschlagen, statt sie zu öffnen. Wir würden ihm Hindernisse in den Weg legen. Und das steht uns nicht zu.

Was du aber machen kannst, ist, von dieser wunderbaren Möglichkeit der Visualisierung zu erzählen und sie selber vorzumachen und vorzuleben. Wenn die anderen sehen, was wir alles in unserem Leben visualisiert haben und was uns auf einmal alles so gelingt, dann werden sie es nachmachen – das kannst du mir glauben. Wenn die sehen, wie sich dein Leben bereichert hat, dann werden sie aktiv. Das ist immer so. Vorleben ist immer der beste Weg.

Und dann stellt sich noch die Frage:

Dürfen wir mehrere Dinge gleichzeitig visualisieren?

Theoretisch können wir das tun. Aber ... das Ding ist, wenn wir mehrere Wünsche gleichzeitig visualisieren, dann verwässern wir die Wirkung.
Die Visualisierung eines Wunsches ist ja so, als würden wir einen gebündelten Laserstrahl auf die Erfüllung richten und sie so in unser Leben ziehen. Unsere Konzentration gilt diesem Laserstrahl. Und genau das ist ja so wirkungsvoll. Wenn wir nun mehrere Dinge gleichzeitig visualisieren, dann teilen wir unseren gebündelten Laserstrahl auf in mehrere nicht so intensive. Und damit ist auch die Erfüllungsenergie nicht mehr so intensiv. Ist ja logisch – die Energie verteilt sich.

Deshalb ist es am wirkungsvollsten, wenn wir uns eine Erfüllung nach der anderen vornehmen. Immer schön der Reihe nach. Das Tolle ist ja: Wenn die Visualisierung ein fester Bestandteil unseres Alltags geworden ist, dann wird es uns immer besser und schneller gelingen, die Erfüllung in unsere Realität zu ziehen. Ich sage immer: Ein Leben ohne Visualisierung ist zwar möglich, aber sinnlos.

Deshalb müssen wir auch nicht alles auf einmal visualisieren – wir werden eh nie wieder damit aufhören ...

Nicht versehentlich wieder abbestellen

Weißt du, was ganz häufig passiert? Wir sorgen selber dafür, dass unsere Visualisierung sich nicht erfüllt. Wir selber machen die Tür zur Erfüllung zu. Das glaubst du nicht? Das ist aber leider tatsächlich so. Das tun wir unbewusst. Nehmen wir dieses Beispiel: Wir möchten einen Partner in unser Leben ziehen. Wir visualisieren und tauchen immer wieder in die Erfüllung ein und beachten alle »Spielregeln« für eine perfekte Visualisierung. Aber dann … Dann passiert noch etwas.

Unsere alten und die kollektiven Glaubensmuster schleichen sich an die Oberfläche und verderben uns die Manifestation. Glaubenssätze wie: Die guten Partner sind alle schon vergeben – heute will sich niemand mehr fest binden. Oder: Ich bin zu alt, zu dick oder wer weiß was – mich will eh keiner. Du weißt, welche Glaubenssätze ich meine. Der ein oder andere dieser »Spielverderber« steckt in jedem von uns.

Und das ist sehr schade. Denn wir machen mit der Visualisierung die Tür zum Universum und zur Erfüllung sperrangelweit auf – und dann knallen unsere alten

Glaubenssätze die Tür mit Karacho wieder zu. Peng! Erfüllung abgesagt. Erkennst du das Dilemma?

Ein anderes Beispiel: Du möchtest eine neue Wohnung in dein Leben ziehen und visualisierst alles richtig, aber dann kommt dein alter Glaubenssatz um die Ecke: »Der Wohnungsmarkt ist wie leergefegt« – das hast du gerade wieder gelesen. So knallt genau dieser Glaubenssatz die Tür zur Erfüllung wieder zu. Dann kannst du visualisieren, so viel du willst. In unserem Inneren findet ein Kampf statt: Visualisierung gegen Glaubenssatz. Und den brauchen und wollen wir nicht länger.
Natürlich stimmt es und der Wohnungsmarkt ist angespannt, aber soll ich dir mal etwas sagen – das hilft uns nicht weiter. Und die Wahrheit ist: Auch heute, ja genau heute, finden wieder viele, viele Menschen eine schöne Wohnung. An jedem einzelnen Tag finden Menschen eine schöne Wohnung. Und du wirst jetzt zu diesen »Juchu-ich-habe-eine-tolle-Wohnung-gefunden-Menschen« gehören. Einfach, weil du ab jetzt die Tür nicht selber wieder zuschlägst. Jedes Mal, wenn du merkst, dass einer dieser Spielverderber-Glaubenssätze in dir hochkommt, sage dir sofort: *»Stopp! Bis hierhin und keinen Millimeter weiter. Ich lasse mir von euch meine Visualisierung nicht kaputtmachen.«*

Bist du dabei? Ab heute schlägt uns niemand mehr die Tür zur Erfüllung zu. »Stopp! Bis hierhin und keinen Millimeter weiter.«

Schau jetzt einmal bei dir selber nach – das ist sehr interessant: Welche Erfüllung willst du dir visualisieren? Und jetzt schau in deinem Inneren nach, ob du irgendwelche Glaubenssätze entdecken kannst, die dir eventuell in die Quere kommen könnten. Schau genau hin. Jeder von uns hat irgendwo ein paar von ihnen. Jeder von uns. Das Erkennen und Bewusstwerden ist wie immer der erste Schritt. Wir lassen uns ab jetzt von keinen alten Glaubenssätzen mehr unsere Visualisierung vermiesen – von keinem einzigen!

Teil II

Wertvolle Visualisierungen für besondere Situationen

Unabhängig von unseren persönlichen Visualisierungen gibt es sehr wertvolle Visualisierungen, die für alle Menschen passend sind. Dabei handelt es sich um zwei Arten von Visualisierungen: Visualisierungen, die uns den Weg zur Erfüllung, zur Manifestation, ebnen und Türen öffnen. Und Visualisierungen, die uns regelrecht befreien und dafür sorgen, dass negative Dinge verschwinden oder unangenehme Situationen sich auflösen.

Visualisierungen, die wir unbedingt kennen sollten, um sie dann bei Bedarf hervorzuholen. Wie wir Pflaster in unserem Apothekenschränkchen haben oder Creme gegen Mückenstiche oder Paracetamol gegen Fieber, so gibt es Visualisierungen für die Seele. Diese Visualisierungen wirken tatsächlich wie eine Creme für unsere Seele. Wir sollten sie kennen und, wie gesagt, bei Bedarf herausholen – für unser eigenes Wohlbefinden und das unserer Familie und Freunde.

Diese Visualisierungen wirken übrigens nicht nur auf die Seele, sie erleichtern uns das Leben auch ungemein: Schluss mit der Angst vor Prüfungen, kein Streit mehr mit anderen und nie mehr das Gefühl haben, zu wenig Geld zu haben. Diese wertvollen Visualisierungen führen uns geradewegs zum Gelingen – in jeder Beziehung.

Ich öffne jetzt hier für dich meine persönliche Visualisierungsschatztruhe. So nenne ich meine kleine Sammlung. Ich habe nämlich die 8 besten und wirkungsvollsten Visualisierungen gesammelt, und für mich fühlt sich das an wie ein Schatz. Wer sie kennt, geht Richtung Glück.

Das Praktische und das Wunderbare an ihnen ist, dass du sie, wenn du sie brauchst, einfach nachlesen und sofort anwenden kannst, ohne dir selber lange eine eigene Visualisierung überlegen zu müssen.

Hier ist sie also, meine Sammlung der wertvollsten Visualisierungen. Die glorreichen 8. Viel Freude damit!

1. Visualisierung:
Die Feier

Wir alle kennen es: Wenn wir vor bestimmten, für uns wichtigen Situationen stehen, bekommen wir Angst oder ein mulmiges Gefühl. Damit uns das nicht mehr passiert, machen wir diese erste Visualisierung, sie ist die perfekte Hilfe. Diese »Feiervisualisierung« vertreibt jedes ungute und mulmige Gefühl vor wichtigen Situationen. Sie ist eine wunderbar spritzige Vorstellung.
Die Feiervisualisierung können wir übrigens gleich für mehrere Situationen nutzen, zum Beispiel bei bevorstehenden Prüfungen, vor Auftritten oder einer Rede, die wir halten müssen, oder auch vor Gerichtsterminen und Vorstellungsgesprächen. Die Feiervisualisierung ist vielfältig einsetzbar und muss je nach Situation nur ein klein wenig angepasst werden. Ich schätze sie sehr.

Ich zeige dir jetzt genau, wie wir das machen können. Nehmen wir zuerst einmal die *Prüfungsangst:* Viele von uns kennen sie. Gerade wenn man schon einmal eine Prüfung nicht bestanden hat, kommt dieses Angstgefühl hoch, dass einem das noch einmal passieren könnte: nicht zu bestehen. Vor Prüfungen kommt diese Angst gerne wieder hoch. So beginnt ein regelrechter Teufelskreis, denn genau diese Angst kann die Türen für uns schließen und dazu führen, dass wir die Prüfung wieder nicht bestehen. Angst hat leider eine starke Energie. Prüfungsangst ist der größte Erfolgsverhinderer, den ich kenne, und sie ist völlig unsinnig. Wovor haben wir Angst? Meistens davor, die gestellten Fragen nicht beantworten zu können. Die Frage ist aber jetzt: Warum haben wir nicht einfach Vertrauen? Vertrauen darin, dass genau die Fragen gestellt werden, die wir super beantworten können?

Der beste Gegenspieler der Angst ist immer unser Vertrauen. Je mehr wir vertrauen, umso schneller verzieht sich die Angst. Die Angst kann unser Vertrauen nicht ausstehen. Unser Vertrauen stört die Angst dabei, sich in uns auszubreiten.
Wovor sollten wir auch Angst haben, wir haben das Universum an unserer Seite – und das nehmen wir in Gedanken einfach mit zur Prüfung. Und glaube mir, das Universum kennt jede Antwort und wird uns diese als Geistesblitz eingeben. Wir sind nicht alleine, nie – auch nicht in Prüfungen!

Und jetzt zu unserer Visualisierung, die wir vor Prüfungen machen sollten – übrigens auch, wenn wir keine Angst haben. Diese Visualisierung vertreibt nämlich nicht nur die Angst, sie programmiert uns zusätzlich noch auf Erfolg und zieht den Erfolg regelrecht in unser Leben. Wenn du beginnst, dir diese Visualisierung einige Tage vor deiner Prüfung vorzustellen, räumst du alle Hindernisse aus dem

Weg. Wir machen damit den Weg frei für unseren Erfolg. Die Feiervisualisierung ist dazu noch ganz einfach: Wir überspringen die eigentliche Prüfung und tauchen sofort in das Ergebnis ein – wir haben bestanden.

Stell dir also Folgendes vor:

> Stell dir vor, wie glücklich du bist, dass du die Prüfung bestanden hast. Stell dir ganz intensiv vor, wie du mit deinen Freunden und deiner Familie feierst. Wie sie dir gratulieren und ihr zusammen auf deinen Erfolg anstoßt. Höre den Sektkorken knallen, sieh die Blumen, die sie dir überreichen. Fühle, wie glücklich und stolz und froh du bist.
> Was für ein herrliches Gefühl. Tauche ein in diese Glücksgefühle und höre, wie du innerlich sagst:
>
> *"Danke, liebes Universum, dass du an meiner Seite warst. Das hat richtig Spaß gemacht."*

Mit dieser Visualisierung wirst du jede Prüfung bestehen – das steht fest, vorausgesetzt natürlich, du hast dich auch ein wenig vorbereitet. Du kannst ruhig schon Wochen vorher in diese Erfolgsvorstellung eintauchen, das können wir gar nicht zu oft machen.

Die Feiervisualisierung kannst du, wie gesagt, nicht nur vor Prüfungen, sondern auch vor anderen Situationen, bei denen du ein mulmiges Gefühl hast, machen: Wenn du zum

Beispiel eine Rede halten musst und dich bisher nicht getraut hast, vor einem größeren Publikum zu sprechen, kannst du sie nutzen. Dafür ändern wir sie nur ein klein wenig ab:

> Stell dir vor, wie du deine Rede beendet hast und die Zuhörer total begeistert sind. Sieh, wie sie dich anstrahlen, und höre den Applaus. Höre, wie sie dir anschließend Komplimente machen und wie glücklich und erfüllt du dich fühlst. Höre, wie du innerlich sagst:
>
> *"Danke, liebes Universum, das war ganz großartig. Danke für diesen tollen Auftritt."*

Auch wenn du mal einen Gerichtsprozess vor dir haben solltest, ist die Feiervisualisierung hervorragend geeignet:

> Stell dir vor, wie du aus dem Gerichtsgebäude hinausgehst, deine Hand nach oben streckst und voller Freude rufst: »Ja! Ich habe gewonnen!« Spüre, wie die Steine von deinen Schultern fallen und dich ein Glücksgefühl durchströmt. Stell dir vor, wie dir deine Freunde gratulieren und wie ihr darauf anstoßt, dass du deinen Frieden wieder hast. Und höre, wie du innerlich sagst:
>
> *"Danke, liebes Universum, dass du für Gerechtigkeit gesorgt hast. Danke. Danke. Danke."*

Ganz wunderbar ist die Feiervisualisierung auch für Bewerbungen bzw. Vorstellungsgespräche geeignet.

> Stell dir vor, wie du glücklich rufst:«Jaaa! Ich hab den Job!« Spüre dein Glück und deine Freude darüber und höre, wie deine Familie und deine Freunde dir gratulieren. Sieh, wie du deinen Erfolg zum Beispiel mit deinem Partner zusammen feierst und ihr abends darauf anstoßt: Sieh dein Strahlen im Gesicht. Und fühle deine Glücksgefühle: Jaaaa, ich hab den Job.

Diese Visualisierung hat übrigens auch eine bekannte Werbefirma genutzt. Du kennst die Werbung vielleicht auch: Jemand springt auf und schreit: »Ich hab den Job!« Mach das in Gedanken einfach genauso.
Mit unserer Feiervisualisierung setzen wir eine unglaublich starke Erfolgsenergie frei. Sie ist eine Zauberwaffe für alle mulmigen Situationen.

Und an alle Eltern: Sie ist auch ganz wunderbar für Kinder geeignet. Also nicht, dass man mit Sekt anstößt natürlich, aber du kannst zusammen mit deinem Kind diese Visualisierung machen:

> Sage deinem Kind Folgendes: »Stell dir vor, wie du deine Arbeit, den Test oder die Klausur zurückbekommst. Du siehst deine gute Note und springst vor Glück fast in die Luft. Höre, wie der Lehrer zu

dir sagt: ›Herzlichen Glückwunsch – richtig gut gemacht.‹ Spüre, wie unendlich glücklich du dich dann fühlst.«

Das waren einige Beispiele, wie wir diese wunderbare Feiervisualisierung einsetzen können. Es gibt sehr viele Möglichkeiten, diese wunderbare Energie einzusetzen. Nutzen wir das – wir sind ja nicht blöd und lassen uns von der Angst länger unser Leben vermasseln. Wir feiern lieber.

2. Visualisierung:

Die offenen Türen

Es ist ja so, dass wir alle immer mal wieder vor verschlossenen Türen stehen. Kennst du ja bestimmt auch, nicht wahr? Wer kennt das nicht? Manchmal hat man fast das Gefühl, man würde nur noch auf verschlossene Türen stoßen. Das ist dann ziemlich frustrierend.
Wir wissen ja, dass nur die offenen Türen uns den richtigen Weg weisen. Und wir wissen auch, dass verschlossene Türen uns in Wahrheit beschützen, weil diese eben nicht der richtige Weg für uns wären. Schön und gut und danke für das Beschützen – trotzdem haben wir keine Lust, ständig vor verschlossenen Tür zu stehen, stimmt doch, oder?
Wie also schaffen wir es, zu den offenen Türen zu gelangen? Können wir das irgendwie beeinflussen? Denn wir wollen ja weiterkommen – in Richtung Glück und Erfüllung. Und weiter kommen wir nur, wenn sich die Türen öffnen und wir durchmarschieren können.

Das Gute: Wir können das beeinflussen. Hier kommt unsere Visualisierung der offenen Türen ins Spiel. Die ist ganz einfach, aber sie wirkt Wunder. Das ist absolut erstaunlich. Hier ist sie:

> Stell dir eine Villa mit sechs Räumen im Erdgeschoss vor. Diese Räume liegen hintereinander und sind jeweils durch eine große Tür voneinander getrennt. Stell dir nun vor, wie du den ersten Raum betrittst. Du gehst zur Tür am gegenüberliegenden Ende, und kurz bevor du dort bist, öffnet sich diese Tür wie von Zauberhand. Du betrittst den zweiten Raum, und wieder gehst du zur gegenüberliegenden Tür. Auch diese öffnet sich wieder wie von Zauberhand. Das Gleiche passiert bei jeder weiteren Tür. Alle Türen öffnen sich, und du musst nur noch hindurchgehen. Gehe nun immer wieder durch die geöffneten Türen in die Räume. Solange du möchtest.
>
> Genieße es, durch die offenen Türen gehen zu können, und lasse diese freie Energie auf dich übergehen.

Mein Tipp: Mache diese Visualisierung die nächsten drei Monate immer mal wieder zwischendurch. Sie dauert ja nicht lange. Und dann schau mal, was sich in deinem Leben so alles tut. Ich wette, nein, ich garantiere dir, dass sich neue Türen öffnen werden. Die Zeit der verschlossenen Türen ist damit zu Ende. Klar, manche Türen bleiben zu, aber das ist ja auch gut für uns. Orientieren wir uns an den offenen Türen – wie gesagt, sie weisen uns den Weg zu unserem Glück.

Übrigens kann man diese kurze Visualisierung der offenen Türen auch länger machen, nicht nur drei Monate. Sie löst nämlich auch unsere eigenen inneren Blockaden. Es ist ja so, dass unsere alten Glaubenssätze immer mal wieder zum Vorschein kommen und uns die Tür von innen verschließen. Die Visualisierung der offenen Türen sorgt dafür, dass diese alten Glaubenssätze – die lästig sind wie Unkraut, weil sie immer wieder nachwachsen – verschwinden. Diese Visualisierung macht die Wege wieder frei. Du kannst das mit einem verstopften Rohr vergleichen: Wenn ein Rohr verstopft ist, dann kommt eine Handwerksfirma und pustet es wieder frei. Das kennst du ja bestimmt. Und genau das ist hier auch der Fall: Diese Visualisierung ist unser Handwerk, um den Weg wieder frei zu machen. Diese Visualisierung pustet alles Verstopfte wieder frei.

Die Visualisierung der offenen Türen ist einfach wunderbar. Sie verändert alles und ist für alle Menschen auf dieser Welt geeignet – kulturübergreifend. Und wir können sie gar nicht oft genug machen. Das Leben mit lauter verschlossenen Türen hat endlich ein Ende. Unsere Türen öffnen sich – jetzt müssen wir nur noch hindurchgehen. Das schaffen wir, oder?

3. Visualisierung:

Das Band durchtrennen

Ich habe dir ja erzählt, dass es zwei Arten von diesen allgemein gültigen Visualisierungen gibt. Solche, die die Türen öffnen und den Weg ebnen, und solche, die uns von etwas befreien. Diese Visualisierung hier gehört zur zweiten Kategorie: Sie befreit uns. Es ist wichtig, dass wir uns von Dingen, Situationen oder Menschen, die uns blockieren, befreien, denn sonst sind es nämlich genau sie, die die Erfüllung unserer Wünsche, also unsere Manifestation, verhindern. Und das wäre ja schade.

Kennst du das auch, wenn du mit einem Menschen in einer negativen Verbindung stehst, in welcher Art auch immer, und dich diese Verbindung belastet? Und du nicht weißt, wie du da rauskommst? Dich belastet diese negative Verstrickung, und du spürst richtig, wie diese Person und diese Verstrickung deinem Glück im Weg steht?

Dann ist diese Visualisierung genau richtig: Die Visualisierung »Das Band durchtrennen«. »Das Band durchtrennen« hat eine durchschlagende Wirkung, das wirst du gleich sehen. Alles, was du dafür benötigst, ist eine imaginäre Schere.

Stell dir Folgendes vor:

> Stell dir vor, wie ihr, du und diese andere Person, euch gegenübersteht – ihr seid ungefähr drei Meter voneinander entfernt. Sieh, wie ein unsichtbares Band euch verbindet.
> Nimm nun deine imaginäre Schere und schneide dieses Band in der Mitte durch. Sieh, wie das Band auseinanderfällt: Der eine Teil des Bandes fällt zu dir und der andere zu der anderen Person. Das Band ist getrennt. Stell dir nun vor, wie du dich umdrehst und einfach weggehst. Die Verbindung ist gekappt. Du bist frei.

Fühlst du, wie gut das tut? Fühlst du, wie diese andere Person sofort keine Macht mehr über dich hat? Wunderbar befreiend, nicht wahr?

Und auch diese Visualisierung ist vielfältig einsetzbar. Wenn du dich zum Beispiel in einer Situation befindest, die dich belastet, dann kannst du dir auch hier wunderbar vorstellen, wie du das Band zwischen dir und der Situation zerschneidest, dich umdrehst und weggehst.
Schau mal, ob es irgendetwas oder irgendjemanden in deinem Leben gibt, der oder das dich durch negative Verstrickungen irgendwie gefangen zu nehmen scheint. Du weißt ja jetzt, was du dagegen tun kannst. Wir möchten das nicht länger, wir manifestieren lieber und erfüllen uns unsere Wünsche.

4. Visualisierung:

In Licht hüllen

Diese Visualisierung kann Frieden in unser Leben bringen. Sie vertreibt Streit und kann schwierige Situationen beruhigen, und sie kann anderen Kraft schenken.
Wenn wir mit einer anderen Person Streit haben oder uns ungerecht behandelt fühlen, dann reagieren wir normalerweise wütend, sauer und enttäuscht. Unsere Reaktion bringt dann noch mehr negative Energie ins Geschehen und der Teufelskreis beginnt – die Sache eskaliert, der Streit wird schärfer. Aber genau das wollen wir nicht länger. Warum nicht? Aus rein egoistischen Gründen. Denn diese Streitspirale sorgt dafür, dass wir geschwächt sind und unsere gute Energie flöten geht. Und was passiert dann? Wir entfernen uns von der Erfüllung unserer Wünsche. Und das ist die falsche Richtung. Da wollen wir nicht hin.

Und jetzt kommt die Visualisierung »In Licht hüllen« ins Spiel. Du kennst bestimmt auch den Künstler Christo? Das war der, der sämtliche Gebäude mit Stoff umhüllt hat – die Bilder davon kennst du vielleicht? Wir sind ab jetzt auch Künstler: Lebenskünstler. Und wir Lebenskünstler umhüllen nicht mit Stoff, sondern mit imaginärem Licht. Und wir umhüllen auch nicht irgendwelche Gebäude, sondern Menschen und Situationen. Wir hüllen Menschen und Situationen in Licht.

Diese Visualisierung für Lebenskünstler geht so:

> Denke mal kurz an eine Person, mit der du Streit hast oder die nicht nett zu dir ist. Schließe nun deine Augen und umhülle diese Person mit einem weichen, warmen Licht. Das kannst du dir so vorstellen, als würdest du eine Seifenblase um sie bilden. Und nun schicke in Gedanken noch zusätzlich gute Energie zu dieser Person.
> Sage dazu die Wörter:
>
> *"Danke für die Harmonie und den Frieden. Ich bin ein Lebenskünstler."*

Ich kann fast hören, wie du jetzt schlucken musst. Und ja, ich weiß aus eigener Erfahrung, dass das wahrlich nicht immer einfach ist. Da ist jemand fies und gemein zu uns und wir sollen ihn dann quasi »als Belohnung« in Licht hüllen und ihm gute Energie schicken?
Ja, genau das sollten wir tun. Weil alles andere reine Zeitverschwendung ist. Und falls es dir guttut, dann denke daran, dass du diese gedankliche Vorstellung in erster Linie für dich selbst tust. Das Spannende an dieser Visualisierung

ist nämlich, dass sich der Streit tatsächlich auflösen wird. Die andere Person wird ihr Verhalten ändern. Das passiert immer!
Alles, was du tun musst, ist diese gedankliche Vorstellung, das »In Licht hüllen« – das ist alles. Und schon nach kurzer Zeit wird diese Person ihr Verhalten dir gegenüber ändern. Das Interessante daran ist, dass diese Person ja nichts von deinen »Lichtspielchen« weiß. Das ist eine hochspannende telepathische Angelegenheit.
Du darfst das aber nur in diese positive und gute Richtung tun – niemals in eine andere. Du weißt, was ich meine. Denk daran, das Leben ist ein Bumerang, und alles kommt zurück! Das nur zur Erinnerung, man kommt ja manchmal auf so Ideen ...

Du kannst übrigens nicht nur Personen mit dem warmen Licht umhüllen, sondern auch bestimmte Situationen:

> Gibt es eine Situation in deinem Leben, die nicht rundläuft oder sogar Ärger macht? Dann stelle dir diese Situation als Kugel vor – wie eine Schneekugel zum Beispiel – und umhülle sie in Gedanken liebevoll mit Licht. Schicke gute Energie hinein und sage dir:
>
> *"Der Knoten ist geplatzt. Ich bin so glücklich. Alles ist gelöst."*

Und es gibt noch eine tolle Einsatzmöglichkeit für diese Visualisierung. Und zwar, wenn wir jemanden unterstützen möchten oder ihm Kraft schicken möchten. Manchmal ist es ja so, dass wir jemanden unterstützen möchten, wir aber augenscheinlich nichts tun können. Zum Beispiel, wenn unsere Kinder oder unser Partner eine schwierige Situation meistern müssen.

Aber wir können eben doch etwas tun. Etwas sehr Wertvolles sogar: Wir können ihnen gedanklich Licht schicken. Es wird sie tatsächlich stärker machen. Das hat eine ganz wunderbare Wirkung. Du musst es ihnen ja nicht erzählen, es sind ja noch nicht alle offen dafür.

Aber wenn sie dir nachher erzählen, dass sie alles gut gemeistert haben, dann weißt zumindest du, dass du daran nicht ganz unschuldig bist ...

5. Visualisierung:

Die Glücksdusche

Auch die imaginäre Glücksdusche ist eine wunderbare Erfindung. Ich weiß gar nicht mehr genau, wo ich zum ersten Mal von ihr gehört habe. Auf jeden Fall war es auf einer meiner Reisen durch Indien. Ob in Südindien oder im Norden ...? Ist aber auch nicht weiter wichtig.

Wichtig ist nur, dass wir diese wunderbare Glücksdusche kennen. Sie erfüllt uns mit Kraft, mit Glückskraft – und davon können wir ja gar nicht genug bekommen.

Es gibt zwei Möglichkeiten, wie du sie nutzen kannst:
Bei deiner täglichen Dusche:

> Jedes Mal, wenn du tatsächlich unter der Dusche stehst, kannst du sie nutzen. Wenn du unter der Dusche stehst, dann stell dir vor, dass aus dem Duschkopf Glück fließt. Spüre, wie dieses Glück über deinen Körper fließt, und stell dir dabei vor, wie dieses Glück in deinen Körper einfließt. Spüre, wie sich deine Zellen mit diesem Glück auffüllen

und es speichern. Spüre, wie du dich augenblicklich glücklicher fühlst. Sage dazu die Worte:

"Ich bin ein echtes Glückskind."

Spürst du die unglaublich positive Energie, die diese Visualisierung freisetzt? Einfach wunderbar, nicht wahr? Wenn du diese kurze Glücksdusche jeden Tag praktizierst, dann wirst du merken, dass du sehr bald insgesamt glücklicher wirst. Es ist ein Riesenunterschied, ob du »nur« mit Wasser duschst oder ob du dazu noch in Glück duschst. Und damit wir das nicht vergessen, weil wir ja morgens oft noch etwas schläfrig sind oder schon unsere To-dos für den Tag im Kopf haben: Wir sollten uns eine Glückserinnerung in der Dusche einrichten. Das kann zum Beispiel einfach ein Aufkleber von einem vierblättrigen Kleeblatt sein, den wir uns an die Duschtür kleben, oder ein Aufkleber von einem Marienkäfer. Ganz egal, was es ist – aber lege oder klebe etwas in deine Dusche, das dich an die Glücksdusche erinnert. Dann bist du nach deiner Dusche nicht nur äußerlich sauber, sondern auch noch innerlich mit Glück gefüllt. Besser kann man einen Tag gar nicht beginnen.

Zusätzlich eignet sich die imaginäre Glücksdusche auch noch sehr gut für zwischendurch. Stell dir einfach immer mal wieder vor, du würdest gerade unter einer Glücksdusche stehen:

Schließe deine Augen und stell dir einen großen Duschkopf über dir vor, wie bei der sogenannten Regendusche. Und jetzt fühle, wie du mit Glück überschüttet wirst. Und fühle, wie dieses Glück durch deine Haut in deine Zellen fließt. Sage dazu die Worte:

"Ich bin ein echtes Glückskind."

Die Visualisierung der Glücksdusche ist ein echter Geheimtipp. Nur die wenigsten Menschen kennen sie. Nutzen wir dieses Wissen für unseren Weg zum Glück.

Ein wunderbarer Nebeneffekt ist übrigens, dass unser Glücklichsein noch mehr Glück in unser Leben zieht. Das Glücksgesetz besagt ja: Je glücklicher wir sind, umso mehr Glück ziehen wir an. Und genauso ist es auch.

Wir aktivieren mit der Glücksdusche die Glücksspirale. Ist das toll oder ist das toll? Duschen wir uns glücklich!

6. Visualisierung:

Der Geldregen

Wir wissen ja, dass Manifestation nur aus der Fülle heraus gelingt. Das Gesetz der Anziehung funktioniert in diesem Fall nach dem Gesetz der Fülle. Und das Gesetz der Fülle besagt, dass nur Fülle Fülle anzieht. Und genau dieses Phänomen kann häufiger mal zum Problem werden. Denn wir möchten ja gerade dann mehr Geld in unser Leben ziehen, wenn wir es brauchen, also nicht genug davon haben. Wir befinden uns dann, übertrieben ausgedrückt, in einem Gefühl des Mangels. Und das ist ein weiteres Phänomen: Mangel zieht leider immer nur weiteren Mangel an. Ein Gefühl des Mangels zieht niemals Fülle an. Niemals. Wenn wir uns in einer finanziell angespannten Situation befinden, dann senden wir diese angespannten Mangelgefühle aus. Und was passiert dann? Wir ziehen nur noch mehr angespannte Mangelgefühle an. Und das will ja kein Mensch.
Wie also können wir diesen Mangelkreislauf unterbrechen? Gibt es für dieses Dilemma eine Lösung?
Ja, klar – die gibt es.

Die Lösung ist: Wir müssen in unserem Inneren das Gefühl der Fülle entstehen lassen. Und genau an diesem Punkt tritt die Geldregenvisualisierung auf den Plan. Diese wunderbare Geldregenvisualisierung ist wieder ganz einfach, hat aber eine richtig intensive Wirkung. Selbst wenn es im Moment an allen Ecken und Enden an Kohle fehlt, wird diese Übung den Wendepunkt einläuten.
Eigentlich könnte diese Visualisierung auch die Wendepunktvisualisierung heißen oder die Füllevisualisierung. Sie dauert nur eine Minute – aber das kann ich dir versprechen: Diese Minute wird dein Leben verändern.

Hier ist sie: Die Geldregenvisualisierung, die dir finanzielle Fülle bringt:

> Schließe deine Augen und stell dir vor, du gehst in einem Geldregen spazieren. Die Sonne scheint, es ist angenehm warm und es regnet Geldscheine auf dich. Es regnet immer weiter Scheine auf dich. Du kannst dein Glück gar nicht fassen. Du hältst deine Hände vor dich, schaust nach oben und lachst und lachst und lachst.
> Du fühlst das Glück der Fülle. Und dazu sagst du die Worte:
>
> *"Ich liebe diese Fülle. Sie ist einfach wunderbar. Danke, liebes Universum."*

Diese 1-Minuten-Visualisierung stellt tatsächlich unsere finanziellen Weichen ganz neu. Wir programmieren uns damit darauf, genug Geld zu haben. Dieses innere Gefühl der Fülle wird genau diese Fülle auch im Außen in unsere Realität bringen. Wie – das überlassen wir dem Universum. Wie die Fülle in unser Leben kommt, ist uns ja auch völlig egal. Wir öffnen mit dieser Visualisierung aber schon einmal die Tür. Und je öfter wir sie praktizieren, umso weiter öffnen wir die Tür.

Es gibt übrigens noch eine lustige Fülle- oder Geldvisualisierung. Für alle Donald-Duck-Fans unter uns. (Sein Onkel Dagobert badet ja gerne in seinem Geld.)

Stell dir Folgendes vor:

> Du hast einen wunderschönen großen Pool in deinem Haus, der voll ist mit Geldscheinen. Und nun stell dir vor, wie du dort hineinspringst und in diesem Geld badest, die Geldscheine in die Luft wirfst und einfach nur glücklich bist. Dazu sagst du dir innerlich die Worte:
>
> *"Ich schwimme im Geld. Ich liebe diese Fülle. Ich liebe sie."*

Zwei Visualisierungen, die jeweils nur eine Minute dauern. Zwei Visualisierungen, die Fülle entstehen lassen und den Mangel vertreiben. Der Trick ist, jedes Mal, wenn du merkst, dass du in ein Gefühl des Mangels kommst, sofort umzuswitchen und dir eine dieser beiden Visualisierungen vorzustellen.

Adieu, Mangel – willkommen, liebe Fülle!

Manche Leute sagen jetzt: »Gut, aber Geld macht nicht glücklich.« Doch, finanzielle Freiheit macht durchaus glücklich. Mit der Fülle kommt die Freiheit. Es liegt an uns, was wir daraus machen.

7. Visualisierung:
Der Kraftbrunnen

Wir alle kennen Situationen und Phasen im Leben, in denen wir ziemlich erschöpft sind. Manchmal gibt es zum Beispiel eine Zeit, in der man sich besonders um andere, die unsere Hilfe benötigen, kümmern muss, oder wir befinden uns vorübergehend in einer sehr anstrengenden beruflichen Situation. Situationen, in denen wir zwar erschöpft sind, aber trotzdem noch weiter funktionieren müssen. Das bringt uns manchmal an unsere eigenen Grenzen. Ich denke, es gibt keinen unter uns, der solche Phasen im Leben nicht kennt. Du kennst sie doch auch, oder?

Es gibt eine Visualisierung, die uns in solchen Phasen Kraft schenkt und mit neuer Energie erfüllt. Mein indischer Lehrer Gurudschi, von dem ich ja schon häufig erzählt habe, hat sie mir wärmstens empfohlen. Und ich muss sagen, ich bin ganz begeistert von ihr. Sie hat mich schon so manches Mal gerettet.

Sobald wir merken, dass unsere Kraft nachlässt und unser Energiepegel Richtung null tendiert, ist es höchste Zeit für unseren Kraftbrunnen:

Schließe deine Augen, atme tief ein und wieder aus und stell dir eine lichtdurchflutete kleine Lichtung in einem Wäldchen vor. Genieße einen Moment das Grün der Bäume und Pflanzen. Du betrittst die Lichtung und siehst einen Trinkbrunnen dort stehen. Es ist ein ganz besonderer Trinkbrunnen: Aus diesem Brunnen fließt reine Energie und Kraft. Du gehst zu diesem Brunnen, beugst dich darüber und beginnst zu trinken. Du spürst, wie diese Energie augenblicklich in deinem Körper zu wirken beginnt. Du spürst, wie die Kraft durch deinen Körper fließt und dich stärkt. Du trinkst noch einige Schlucke, streckst und reckst dich und gehst nun frisch gestärkt wieder zurück in deinen Tag und dein Leben.

Du glaubst nicht, wie wirkungsvoll diese einfache Vorstellung ist. Der Kraftbrunnen ist ein echter Glücksbrunnen.

Die mentale Vorstellung führt tatsächlich zu einer körperlichen Reaktion. Man fühlt sich erfrischt und kraftvoller. Früher hat man gesagt, Red Bull verleihe Flügel, heute ist es unser imaginärer Kraftbrunnen. Der ist viel wirkungsvoller und viel gesünder.

8. Visualisierung:

Auf dem Gipfel

Die Gipfelvisualisierung ist ein absoluter Erfolgsbooster. Es geht, wie der Name schon vermittelt, um das Thema Erfolg oder das Erreichen eines Zieles im Allgemeinen. Normalerweise schauen wir ja aus unserer jetzigen Position auf das, was wir erreichen möchten. Und das erscheint uns oft wie ein Berg, den wir erklimmen müssen. Man sagt ja zum Beispiel auch: Zum Erfolg »aufsteigen« oder, wenn man befördert wurde, »man ist aufgestiegen«.
Und genau um diesen Aufstieg geht es hier. Aber nicht, wie wir uns das bisher vorgestellt haben – von unten nach oben, also ein mühevoller Aufstieg:

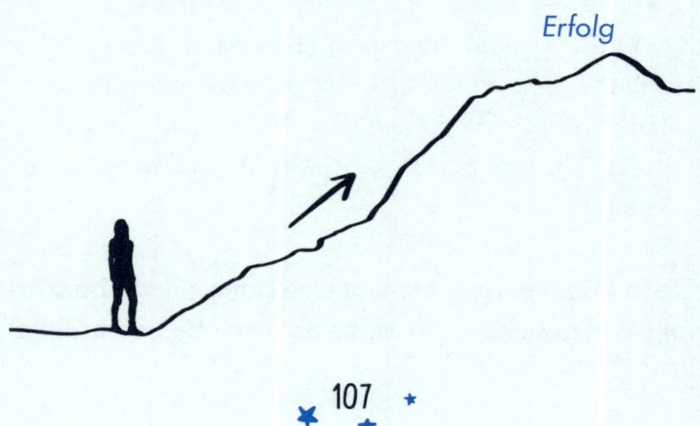

Das Geheimnis hinter der Gipfelvisualisierung liegt darin, dass wir einen Perspektivwechsel vornehmen.
Wir haben Erfolg, indem wir zurückschauen:

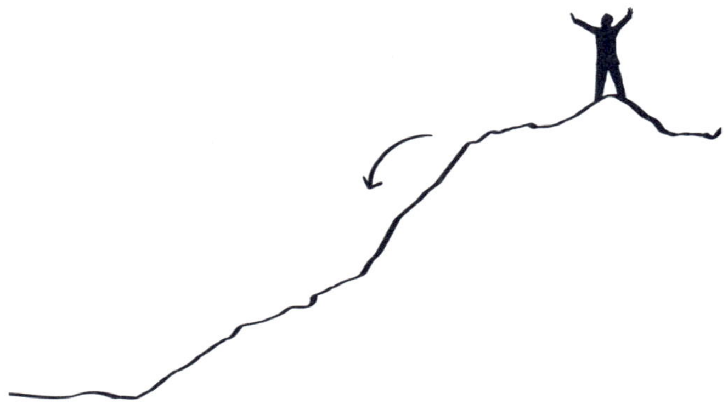

Schließe deine Augen und sieh, wie du oben auf dem Gipfel stehst. Spüre dein tiefes inneres Glück, genieße die Aussicht, strecke deine Arme in die Luft und rufe dabei innerlich: »Jaaa. Ich hab's geschafft. Ich habe es tatsächlich geschafft.« Spüre, wie dich ein Schauer des Glücks und Erfolgs durchläuft. Und nun schau vom Gipfel aus den Berg hinunter und erfreue dich daran, dass du jetzt hier oben stehst. Genieße einen Moment dein Gipfelglück. Ja – du hast es geschafft. Wir haben es geschafft.

Diese Visualisierung erzeugt eine ganz wunderbare Erfolgsenergie, und wenn wir sie von hier oben, vom Gipfel

aus, ins Universum senden, dann ist das eine Turboenergie: Der Erfolg ist in der Vorstellung bereits eingetreten – du wirst sehen, jetzt dauert es nicht mehr lange und der Erfolg spiegelt sich in deinem echten Leben wider, er wird Bestandteil deines Lebens.
Die Gipfelvisualisierung ist ein echtes Erfolgsgeheimnis. Sehr viele erfolgreiche Leute praktizieren sie. Auch Sportler nutzen diese Visualisierung – allerdings ersetzen sie den Berg bzw. den Gipfel häufig durch das oberste Podest auf der Siegertreppe, und sie stellen sich dabei dann noch vor, wie ihnen die Siegermedaille umgehängt wird. Das Erfolgsgeheimnis hinter der Gipfelvisualisierung ist bei Profis und Prominenten bekannt und wird von vielen Menschen in den unterschiedlichsten beruflichen Situationen angewendet. Auch viele Coaches lieben diese Visualisierung und legen sie ihren Kunden ans Herz.

Wichtig dabei ist, dass wir dranbleiben und jeden Tag in Gedanken diesen Ausflug auf den Gipfel machen. Besonders auch dann, wenn du mal das Gefühl hast, es tut sich irgendwie nichts und nichts scheint sich in die richtige Richtung zu bewegen. Aber gerade in solchen Stillstandmomenten musst du dranbleiben. Jedes Mal, wenn in dir das Gefühl aufsteigt, es würde sich nichts bewegen, dann sofort ab auf den Gipfel mit dir.

Denk daran, wir ziehen an, was wir aussenden. Früher haben wir Frustgefühle ausgesendet, heute senden wir Erfolgsgefühle aus. Wir sind ja nicht blöd und bleiben im Tal.

Und das war sie: meine persönliche Schatztruhe mit den glorreichen 8. Den 8 wertvollsten allgemein gültigen Visualisierungen, die ich kenne. Diese 8 Visualisierungen sind einfach unschlagbar. Jeder kann selber entscheiden, ob er sie anwendet oder nicht. Jeder ist ja seines Glückes Schmied. Also, schmieden wir unser Glück ...

Teil III

Praktische Beispiele für gelungene Visualisierungen

So, und nun schauen wir uns noch einige praktische Beispiele für gelungene Visualisierungen näher an. Einfach nur, damit du ein richtig gutes Gespür dafür bekommst, welche Energie eine gute Visualisierung erzeugen sollte. Du kannst dir hier Inspirationen und Anregungen für deine eigene Visualisierung holen oder auch Teile daraus übernehmen. Ganz wie du möchtest. Wir sind völlig frei in unseren Vorstellungen – wir sollten nur die 7 Punkte integrieren, dann klappt's auch mit der Erfüllung.

Thema: Wohnen/Leben

Als Erstes schauen wir uns einmal das Thema Wohnen näher an. Das Thema Wohnen ist ja nach wie vor ein sehr präsentes Thema. Viele wünschen sich, je nach Lebenssituation, eine größere schöne Wohnung oder ein Haus mit Garten, in dem die Kinder toben können.

Wenn du dir eine Wohnung wünschst, hast du bisher vielleicht schon ein Visionboard erstellt und deinen Wunsch aufgeschrieben. Vielleicht hast du dir sogar schon die Erfüllung vorgestellt – und eine Wohnung vor deinem inneren Auge gesehen. Das war die bisherige Vorgehensweise. Die war auch schon gut, aber jetzt machen wir aus der bisherigen Vorstellung eine lebendige Visualisierung voller Begeisterung und mit Pfeffer.

Legen wir los: Eine gute Visualisierung braucht eine gewisse Vorarbeit. Du wirst gleich wissen, warum – und den Unterschied bemerken. Da bin ich mir sicher.
Wichtig für die Visualisierung ist, dass du möglichst genau weißt, was du willst. Erstelle dafür am besten eine kurze Liste mit Details: Was ist dir wichtig?

Für unsere Beispielvisualisierung nehmen wir jetzt einfach mal an, du wünschtest dir Folgendes: eine 4-Zimmer-Wohnung in einer guten Lage, Sonnenterrasse oder Balkon, auf den ein Outdoortisch mit sechs Stühlen passt, eine offene Küche, Holzboden, nette Nachbarn, schöne Umgebung ...

Und aus diesen Details, die dir wichtig sind, kreieren wir jetzt die richtige Visualisierung:
Schließe deine Augen und stelle dir Folgendes vor:

> Du fühlst den Schlüssel in deiner Hand. *Fühle, wie du ihn ins Schloss steckst und umdrehst.* Du schließt die Tür zu deiner neuen Wohnung auf. Du trittst ein, und sofort durchströmt dich ein warmes Glücksgefühl. *Fühle dieses Glücksgefühl intensiv.* Du denkst: ›Wow – das ist jetzt meine Wohnung.‹ *Höre diese Worte in deinem Inneren.* Warmes Sonnenlicht fällt in die Räume. Du siehst in den Spiegel, der im Flur hängt, und lächelst dich an. *Sieh dein glückliches Lächeln!* Du riechst die Wohnung. Wonach riecht sie? Nimmst du den Duft wahr? *Du riechst den Duft deiner Wohnung.*
> Du gehst weiter ins Wohnzimmer zur Couch und streichst über den Stoff. *Fühle den Stoff in deiner Hand.*
> Nun lässt du dich aufs Sofa fallen und genießt einen Moment.
> *Fühle, wie du glücklich auf dem Sofa sitzt.*

Auf dem wunderschönen Esstisch steht eine Vase mit frischen Blumen, die wunderbar duften. Auf der Terrasse oder dem Balkon deckst du einen wunderschönen Sommertisch. Und du siehst deinen Hängekorbsessel, den du dir schon immer gewünscht hast.

Du siehst, wie du strahlend und tanzend und glücklich durch die Wohnung läufst. Du hörst das Klingeln an der Tür, nun kommen deine Freunde zu Besuch und gratulieren dir zu dieser wunderschönen Wohnung. Ihr kocht zusammen und lacht und singt und esst. Du triffst deine Nachbarn und ihr versteht euch prächtig, und du gehst in Gedanken durch die Umgebung, in der du nun wohnst – es ist so schön hier. Du bist so glücklich.

Spüre diese tiefen Glücksgefühle. So intensiv wie nur möglich. Du weißt, Glücksgefühle sind neurologische Verstärker und ziehen die Erfüllung schneller an. Du sendest deine gebündelten Glücksgefühle wie einen Laserstrahl auf die Erfüllung und sagst dazu:

"Danke, liebes Universum, dass du mir diesen Wunsch erfüllt hast. Danke. Danke. Danke. Du bist einfach großartig."

Du kannst dir alle möglichen Szenen in deiner Wohnung vorstellen – wie du darin arbeitest, telefonierst, wie du darin tanzt, wie deine Vorhänge aussehen, deine Pflanzen etc. Wichtig ist nur, dass du alle deine Sinne mit in deine Visualisierung nimmst. Lass deiner Phantasie freien Lauf und leb dich darin aus. Je lebendiger, sprühender und begeisternder die Visualisierung ist, umso stärkere Glücksgefühle senden wir aus. Ich sag ja: Erfüllung, wir kommen …

Falls du lieber ein Haus mit Garten anziehen möchtest, dann schauen wir uns zur Verdeutlichung auch noch dieses Beispiel näher an:

Wir machen wieder eine kurze Liste mit Details: Was ist dir wichtig? Für unsere Hausvisualisierung nehmen wir einfach mal an, diese Details seien dir wichtig: 6 Zimmer, helle Räume, moderne Badezimmer, offene Küche, große Terrasse mit Zugang zum Garten, Rosen, Baum, Schaukel.

Nun machen wir aus diesen Details eine lebendige Visualisierung:

> Stell dir vor, wie du vor deinem neuen Haus stehst und es betrachtest. Du bist voller Dankbarkeit und Glück und denkst: ›Wahnsinn, das ist jetzt unser Zuhause.‹ *Fühle diese Glücksgefühle und höre, wie du sagst: »Wahnsinn, das ist unser neues Zuhause.«* Du gehst ins Haus und hörst schon das Lachen deiner Familie. *Höre das Lachen.* Du legst deinen Schlüssel in das Kästchen, das auf dem kleinen

Tischchen gleich neben dem Eingang steht. *Lege den Schlüssel bewusst dort ab.*
Du gehst ins Wohnzimmer und siehst den schön gedeckten Tisch. Es duftet schon nach Pasta mit Basilikum und frischem Salat. *Rieche diesen köstlichen Essensduft.*
Ihr genießt ein wunderschönes Abendessen, voller Freude und guter Gespräche. *Fühle diese entspannte fröhliche Energie.*
Nach dem Essen geht ihr in den Garten. Du setzt dich auf die Bank unter dem alten Baum. Du genießt diesen wunderschönen Garten. Du riechst an den Rosenbäumchen, hörst das Zwitschern der Vögel. Du siehst deine lachenden Kinder toben und schaukeln. Dazwischen läuft euer Hund voller Freude umher. Du planst zur Einweihung ein kleines Sommerfest: Sieh, wie ihr, du und deine Familie und Freunde, an einer langen Tafel im Garten sitzt und lacht und esst und glücklich seid.
Und nun fühle noch einmal ganz intensiv deine Glücksgefühle und das Gefühl einer großen tiefen Dankbarkeit. Sage dazu:

"Danke, liebes Universum, dass du uns hierhergeführt hast. Danke. Danke. Danke."

Und jetzt kontrollieren wir diese Visualisierung noch einmal mit unserer Checkliste.
Haben wir auch wirklich alles beachtet? Wenn schon, denn schon ...

Checkliste

Regel	Inhalt	ja	nein
1	Positiv denken	☒	☐
2	So tun, als ob es schon wahr wäre; das Ergebnis visualisieren, nicht den Weg	☒	☐
3	Mit allen Sinnen: fühlen, sehen, hören, schmecken und riechen	☒	☐
4	Details	☒	☐
5	Freunde und Familie	☒	☐
6	Glücksgefühle	☒	☐
7	Schlusssatz	☒	☐

Wunderbar, alle 7 Erfolgspunkte sind beachtet. Damit hat unsere Visualisierung genau die perfekte und richtige Energie. Diese Zusammensetzung, die Begeisterung, die

Lebendigkeit und der Pfeffer werden die Erfüllung in unser Leben ziehen. Das geht gar nicht anders. Wie gesagt, es gibt keine Visualisierung dieser Art, die nicht früher oder später zu unserer Realität wird ...

THEMA:
LIEBE/PARTNER/HOCHZEIT

Für das Thema Liebe, Partner, Hochzeit möchte ich dir drei praktische Beispiele für eine lebendige Visualisierung zeigen. Das erste Beispiel zeigt eine Visualisierung, um einen Partner ins Leben zu ziehen. Das zweite Beispiel handelt vom Thema Hochzeit und das dritte Beispiel, wie wir Streit in der Partnerschaft durch die richtige Visualisierung beenden können.

Legen wir los:

Praktisches Beispiel:
Wir ziehen einen Partner in unser Leben

Wenn du einen Partner in dein Leben ziehen möchtest, dann ist eine Visualisierung dieser Art sehr wirkungsvoll:

Stell dir verschiedene Szenen, die du gerne mit deinem Partner erleben möchtest, vor. Zum Beispiel diese:

Szene 1:

Stell dir vor, ihr, du und dein Partner, lauft an einem Strand. Ihr haltet euch an den Händen. Höre das Meeresrauschen und höre euer glückliches Lachen. Ihr bleibt stehen, umarmt euch, dein Partner streicht dir über das Haar und ihr küsst euch glücklich. Fühle die Hand deines Partners auf deinem Haar und wie glücklich ihr seid. Höre die Möwe, die über euch fliegt.

Szene 2:

Ihr sitzt in einem Strandrestaurant bei einem romantischen und lockeren Candle-Light-Dinner, deine Füße sind im Sand. Fühle den Sand unter deinen Füßen. Auf den Tischen brennen Kerzen. Spüre diese wunderschöne Atmosphäre. Dein Partner nimmt deine Hand und sagt dir, wie glücklich er/sie gerade ist. Und auch du spürst dieses wunderschöne Glücksgefühl. Und du denkst: ›Danke, dass wir uns gefunden haben. Danke für dieses große Glück.‹

Szene 3:

Ihr sitzt auf einer Decke in einem Park und macht ein Picknick. Ihr sitzt auf einer roten Decke, ihr packt zusammen den Picknickkorb aus. Darin findet ihr Kuchen, Käse, Baguette, Trauben, Sekt. Du siehst, wie ihr auf dieser roten Decke sitzt und liegt, zusammen lacht und euch zum Beispiel gegenseitig mit Trauben füttert. Ihr quatscht und redet, ihr lacht und lacht. Ihr stoßt mit Sekt in Pappbechern an, ihr seid beide unendlich glücklich. Ihr legt euch hin und schaut zusammen in die Wolken – und da entdeckt ihr ein Herz in den Wolken. Und ihr beide wisst: *Ja. Wir beide gehören zusammen. Danke, liebes Universum, dass du uns zueinandergeführt hast. Danke. Danke. Danke.*

In diesem Stil kannst du eine Partnervisualisierung gestalten. Du kannst aber natürlich auch völlig andere Szenen nehmen. Es kommt ausschließlich darauf an, dass es sich für dich richtig gut anfühlt.
Und denk ab jetzt daran, diese kollektiven Glaubenssätze mit der Abbestellwirkung zu vermeiden: Es ist so schwer, einen Partner zu finden, etc. Du weißt, welche ich meine. Andernfalls kannst du so viel visualisieren, wie du willst!
Jedes Mal, wenn du in eines dieser negativen Gefühle rutschst, beende das sofort und tauche in die Erfüllung ein. Versprochen?

Praktisches Beispiel
für eine Hochzeitsvisualisierung:

Schließe deine Augen und stell dir vor, wie du mit deinem Partner im Standesamt die Ringe tauschst. Fühle diesen einmaligen Moment. Spüre, wie du ihm den Ring ansteckst

– und er dir. Spüre diesen magischen Moment und spüre euer Glück. Höre, wie eure Gäste, die anwesend sind, klatschen und sich freuen. Sieh, wie sie alle zu euch kommen, euch umarmen und beglückwünschen.

Beispiel:

Sieh, wie ihr in der Kirche vor dem Altar steht und euch die Ringe ansteckt. Spüre diesen magischen, fast heiligen Moment, und sieh dann, wie ihr Hand in Hand glücklich aus der Kirche geht. Sieh die strahlenden Gesichter der Gäste, die euch entgegensehen. Fühle, wie sie Rosenblätter und Reis über euch werfen. Tauche ein in diesen wunderschönen Moment. Spüre diese fröhliche und feierliche Stimmung.

Dazu kannst du dir die anschließende Hochzeitsfeier mit all deinen Gästen vorstellen. Die tolle und ausgelassene Stimmung, das köstliche Essen. Sieh, wie ihr beide einen Hochzeitstanz tanzt und, und, und. Sieh die festliche Dekoration ... Oder wenn du lieber etwas einfacher heiraten möchtest, dann sieh zum Beispiel die lange Holztafel in einem Garten.

Stell dir einfach vor, was dich glücklich macht. Es sind deine Glücksgefühle, die die Erfüllung in dein Leben ziehen!

Wichtiger Tipp, der die Erfüllung noch schneller anzieht:
Spüre den imaginären Ehering an deinem Finger – mehrmals am Tag. Du glaubst nicht, was diese Vorstellung für eine Energie aussendet.

Praktisches Beispiel
Harmonie in unserer Partnerschaft

Wenn du bereits in einer Partnerschaft lebst und es mal zum Streit gekommen ist, dann wirkt diese Visualisierung Wunder.
Wenn wir uns mit unserem Partner streiten – was ja in den besten Familien mal vorkommt, dann neigen wir dazu, uns auf den Streit zu fokussieren und uns gegenseitig zu beschuldigen. Wir schicken damit negative Streitenergie aus. Das bringt ja aber nichts – überhaupt nichts. Das löst auch nichts. Ein ruhiges Gespräch würde etwas bringen, aber dazu muss der Streit erst einmal verschwinden. Und genau hierfür ist die Visualisierung geeignet: Sie vertreibt den Streit und schafft die Grundlage für gute Gespräche.

Denke an deinen Partner und schicke ihm gedanklich gute Energie. Stell dir vor, wie ihr beide Hand in Hand zusammensteht, und hülle euch in ein warmes Licht ein.

Spüre den Frieden und die Harmonie.
Und du kannst dir dazu noch vorstellen, wie ihr beide auf dem Sofa sitzt oder in einem Restaurant und wunderbare Gespräche habt. Wie ihr euch umarmt und glücklich seid, dass alles für beide gut geklärt ist.

Ich weiß, dass das in einer Streitsituation nicht immer ganz einfach ist. Am liebsten würde man den anderen ja erwürgen oder mit Tellern bewerfen. Aber auch das würde uns am Ende nicht wirklich guttun und die negative Energie, die wir so gar nicht in unserem Leben als Manifestierer gebrauchen können, verstärken.
Diese Vorstellung und das Fühlen von Frieden und Harmonie werden den Streit vertreiben. Das geht gar nicht anders. Beide Energien, also die Streitenergie und die Friedensenergie, können nicht gleichzeitig am gleichen Ort existieren. Du brauchst also nichts weiter zu tun, als diese Friedensvisualisierung zu machen – der Rest ergibt sich von selbst: Vielleicht bekommst du sogar einen Strauß Blumen, wer weiß.

Thema

Beruf/Berufung

Beispiel: Du möchtest dich selbstständig machen:
Nehmen wir hier einmal an, du möchtest ein Café eröffnen
Das Café steht hier stellvertretend für das Selbstständigmachen:

Stell dir folgende Berufungsvisualisierung vor:

Du stehst vor deinem Café. Wie heißt es? Wie sieht das Schild davor aus? Ist es golden oder eher weiß oder aus Holz?
Wie sieht dein Café im Inneren aus? Geh in Gedanken durch den Raum oder die Räume. Nun sieh, wie du darin arbeitest und glücklich bist, Sieh die vielen glücklichen und zufriedenen Gäste. Dein Café ist der Mittelpunkt des Ortes geworden. Spüre deinen Stolz und dieses wunderschöne Glücksgefühl.
Sieh den Kuchen, die Speisen, rieche den Duft von Kaffee und frischen Waffeln.
Sage dir:

"Ich bin angekommen. Genau hier wollte ich immer hin. Danke, dass ich meine Berufung gefunden habe. Danke. Danke. Danke."

Wie gesagt, das Café ist nur ein Beispiel. Vielleicht möchtest du ja auch eine Praxis eröffnen oder ein Geschäft oder eine andere Firma. Was immer es auch ist, orientiere dich bei deiner Berufungsvisualisierung an unserem Café.

Du möchtest eine neue Stelle oder befördert werden:

Wenn du eine neue Stelle haben möchtest oder in deiner Firma befördert werden willst, dann stell dir die Erfüllung vor.

Wenn du zum Beispiel Abteilungsleiter werden möchtest, dann siehe in Gedanken, wie du ein guter Chef bist und eine sehr gute Beziehung zu deinen Mitarbeitern hast. Spüre euren Teamspirit. Spüre, wie die anderen gerne mit dir zusammenarbeiten, und spüre, wie glücklich du in dieser neuen Position bist. Sieh deinen Arbeitsplatz. Höre, wie die anderen dir gratulieren. Und sage dir diese Worte:

"Ja. Genau hier wollte ich hin. Ich liebe meinen Job. Danke, liebes Universum, dass du mich hierhingeführt hast. Danke. Danke. Danke."

THEMA: GEWICHT

Zu guter Letzt:

Was ich sehr oft gefragt werde:
Kann man eigentlich auch einen Gewichtsverlust visualisieren?

Ja, klar. Das geht auch. Wenn du das wirklich so sehr möchtest, dann stell dir diese zwei Szenen dafür vor:

Szene 1:

Sieh, wie du auf der Waage stehst und die Waage dein Wunschgewicht anzeigt. Sieh, wie du runter auf die Anzeige schaust und die magische Zahl siehst: ... kg! Spüre deine Freude und deine Glücksgefühle dabei.
Und sage dir diese Worte dazu: »Jaaa! Ich hab's geschafft. Ich hab's tatsächlich geschafft.«

Szene 2:

Sieh, wie du ein Kleidungsstück trägst, das du supertoll findest, aber schon länger nicht mehr tragen

konntest, zum Beispiel ein bestimmtes Kleid. Sieh, wie du vor dem Spiegel stehst und dich glücklich im Spiegel betrachtest.
Höre, wie deine Freunde dich bewundern und sagen: »Wow, siehst du toll aus!« Höre die Komplimente.
Und sage dir diese Worte dazu: »Ja, ich sehe richtig toll aus. Wie aus einer Zeitschrift gehüpft.«

So funktionieren die beiden Gewichtsvisualisierungen. Aber ehrlich gesagt brauchst du diese Visualisierung gar nicht. Wir alle brauchen sie nicht. Denn soll ich dir mal etwas sagen: Du bist toll, genau so, wie du gerade bist. Wir sind alle toll, genau so, wie wir eben sind. Wir sind Menschen und keine Puppen. Menschen mit Kurven oder Pölsterchen, Falten und Ecken und Kanten und was auch immer. Wir alle sind perfekt, wie wir sind. Stellen wir uns lieber vor den Spiegel und lachen uns liebevoll an. Und beenden wir alle Vergleiche.
Eine Blume, die im Garten steht und blüht, schaut sich auch nicht um und sagt: »Ach, ich wäre viel lieber die andere Blume dort drüben. Die sieht schlanker aus als ich und hat nicht so viele Blätter.« Eine Blume blüht einfach, genau so, wie sie ist. Ab jetzt sind wir Blumen. Wir blühen so, wie wir sind … du und ich auch.

Schlusswort

Ich liebe diese Visualisierung, ich liebe sie sehr. Alles, was ich in mein Leben, in meine Realität ziehen möchte, stelle ich mir in Gedanken vorher vor, schön »gewürzt« mit den 7 Erfolgspunkten. Und dann muss ich eigentlich nur noch abwarten. Nicht ob, sondern nur noch wann sich meine gedankliche Vorstellung erfüllen wird. Eins steht nämlich fest: Sie wird wahr, sie wird Realität, genau zur richtigen Zeit.

Und du wirst bald sehen, das wird dir genauso gehen. Wir erzeugen ja mit dieser Art der Visualisierung nach diesen einfachen 7 Regeln reine Erfüllungsenergie. Und was tut reine Erfüllungsenergie? Genau! Sie zieht die Erfüllung an. Das ist ein Naturgesetz, das geht gar nicht anders. Was soll die Erfüllungsenergie denn auch sonst tun? Wo soll sie denn hin?

Ich kenne niemanden, bei dem diese Form der Visualisierung nicht wirkt. Das ist absolut faszinierend.
Ich habe auf der ganzen Welt beobachtet, dass Menschen, die besonders gut manifestieren können, also die besonders effektiv die Erfüllung ihrer Wünsche in ihr

Leben ziehen können, visualisieren können wie die Weltmeister. Sie bauen diese 7 Tricks und Raffinessen in ihre Visualisierung ein und befüllen sie mit Leben und Begeisterung. Sie beteiligen ihre Sinne und sind mit Haut und Haaren dabei. Und das ist dann alles andere als langweilig. Das ist mitreißend – genau die richtige Energie. Und so wird aus einer passiven gedanklichen Vorstellung von früher ruckzuck eine mitreißende Erfüllungsvisualisierung von heute.
Wenn wir dann noch an jedem 1. eines Monats kurz abchecken, ob wir noch auf der richtigen Spur sind, dann ist wirklich alles möglich. Wer oder was soll uns dann noch aufhalten?

Ich kann nur sagen: Wir und unsere Top-7-Visualisierung – jetzt ist alles möglich. Und das ist keine Floskel, das ist eine Tatsache. Jetzt kann uns nichts mehr stoppen. Dich nicht und mich auch nicht.

Über die Autorin

Die Bestsellerautorin Anjana Gill, geboren in Bonn, hat nach ihrem Abitur und anschließendem Betriebswirtschaftsstudium, Schwerpunkt Textil, als Geschäftsführerin und selbstständige Unternehmerin in der Modebranche gearbeitet.
Inzwischen hat Anjana Gill zahlreiche Bücher erfolgreich veröffentlicht und sich als Expertin für Angelegenheiten zwischen Mensch und Universum einen Namen gemacht.

Für Anjana Gill liegen Zauber und Erfüllung unseres Lebens darin, sich nicht von den oberflächlichen Dingen dieser Welt in die Irre leiten zu lassen, sondern die wirklich spannenden und aufregenden Geheimnisse zu entdecken.
Seit Jahrzehnten beschäftigt sie sich leidenschaftlich damit zu zeigen, dass es eine aufregende Verbindung zwischen Mensch und Universum gibt. Ihr Motto: Alles ist möglich – wenn du mit dem Universum zusammenarbeitest. Es gibt eine Verbindung, die unser irdisches Leben

mit den scheinbar unbegrenzten Möglichkeiten des Universums vereint – spannend, aufregend, magisch, erfolgreich.

Wir und das Universum
– da ist noch jede Menge möglich!

Mach mit – sei dabei!

Folge mir auf Instagram, Facebook und YouTube:

gillanjana

Anjana Gill Sprechen Sie Kosmisch

Anjana Gill

www.anjanagill.de

Weiterführende Informationen zu
Büchern, Autoren und den Aktivitäten
des Silberschnur Verlages erhalten Sie unter:
www.silberschnur.de

Natürlich können Sie uns auch gerne den
Antwort-Coupon aus dem beiliegenden
Lesezeichenflyer zusenden.

Ihr Interesse wird belohnt!

Weitere Titel von Anjana Gill

Anjana Gill

Danke, liebes Universum

95,7% Wunscherfüllung

Du und das Universum – da geht was!
Es funktioniert tatsächlich. Absolut faszinierend.
Das Universum erfüllt Wünsche.
Seit ich angefangen habe, das Universum zu 'testen', kann ich nur noch lachen, staunen und mich freuen. Es ist fast unglaublich, was auf einmal alles möglich ist.
Die Frage ist jetzt doch nur noch: Wird das Universum auch deine Wünsche erfüllen? Ja, klar wird es das.
Locker und mit viel Witz zeigt Anjana Gill dir, wie auch du deine Wünsche vom Universum erfüllt bekommst.

208 Seiten, 2-farbig, broschiert · ISBN 978-3-89845-610-4 · € [D] 12,00

Anjana Gill

Ein Kurs im Wünschen
Deine Manifestationskarten

Ein ganzes Jahr im Universumsmodus

Spannende Spiele mit dem Universum spielen und dabei ganz nebenbei zu einem echten Manifestationsprofi werden? Das geht! Die Bestsellerautorin Anjana Gill zeigt dir, wie du deine Bestellungen beim Universum auf ein neues Level hebst.
Jede Woche erwartet dich eine Karte mit einer kurzweiligen Aufgabe, die dich zu einem Spiel mit dem Universum einlädt. So wird jede einzelne Woche zu einem Erfolgserlebnis, und deine Wünsche werden auf magische Weise Realität ...
Das Universum ist immer an deiner Seite! Aber sieh selbst und zieh deine erste Karte ... ☺

52 Karten, mit Begleitheft, in Box · ISBN 978-3-96933-038-8 · € [D] 20,00

Anjana Gill

77 Lifehacks zur Wunscherfüllung

Tipps & Tricks: Erfolg mit dem Universum

Profi-Tricks zur Wunscherfüllung!
Was immer auch dein Wunsch ist – es gibt 77 Tipps und Tricks für eine schnelle Erfüllung, die du unbedingt kennen solltest.
Anjana Gill zeigt dir diese Tipps und auch, welche Fallen und Hindernisse du unbedingt vermeiden solltest, die deine Erfüllung bisher vielleicht verhindert haben.
Nimm dieses Buch einfach in deine Hände und frage, was du gerade beachten sollst – und nun schlage eine Seite auf. Jetzt kann die Erfüllung nichts mehr stoppen – nicht einmal deine alten Glaubenssätze.
In 3 Monaten sieht deine Welt ganz anders aus.
Du und das Universum – jetzt ist alles möglich.

176 Seiten, farbig, gebunden · ISBN 978-3-96933-019-7 · € [D] 16,00

Anjana Gill

Du und das Universum – da geht was!

Dein persönliches Wunscherfüllungsbuch

Das kreative Notizbuch zur Erfüllung deiner Wünsche!
Schreib es auf! Kann es sein, dass das Geheimnis hinter der Wunscherfüllung das Aufschreiben ist? JA! Aufgeschriebenes erfüllt sich besser und schneller.
In diesem magischen Wunscherfüllungs- und Manifestationsbuch zeigt Anjana Gill dir Beispiele aus ihrem eigenen privaten Wunscherfüllungsbuch. Sie gibt wertvolle Tipps zur erfolgreichen Formulierung, der Gestaltung einer zum Wunsch passenden Collage und sie zeigt dir Wunscherfüllungsbeschleuniger.
Schreib deine sehnlichsten Wünsche hier hinein – der Erfolg wird dich begeistern. Fast alles ist möglich – aber das bleibt unter uns. ☺

144 Seiten, 2-farbig, mit Farbteil, broschiert · ISBN 978-3-89845-642-5 · € [D] 12,00

Anjana Gill

Danke für die wunderbare Lösung

Mit dem Universum löst du jedes Problem

Es gibt im Leben immer ein Problem, das uns stört. Aber es gibt eine Lösung – eine Möglichkeit, mit der sich unsere Probleme quasi von selbst auflösen:
Die Kraft der Vorstellung, die perfekte Universumsformulierung, die richtigen Worte zusammen mit den lustigen und faszinierenden Universumsspielchen bescheren uns die Fähigkeit, beinahe JEDES Problem in unserem Leben aufzulösen.
Anjana Gill zeigt dir an 50 typischen Beispielen, wie das genau funktioniert – und wie du das für dich und dein eigenes Leben umsetzen kannst. Es gibt nichts, das wir nicht ändern können.

160 Seiten, 2-farbig, broschiert · ISBN 978-3-96933-005-0 · € [D] 12,00

Anjana Gill

Die perfekte Wunschformulierung

Der Teufel steckt im Detail

So wirst du ein echter Formulierungsprofi! Je perfekter deine Wunschformulierung, umso schneller ziehst du die Erfüllung in dein Leben. Wenn manche Aufträge ans Universum bisher nicht erfüllt wurden, dann kann das auch an der Formulierung liegen – denn Vorsicht, der Teufel steckt im Detail.
Sag dem Universum zum Beispiel nie, was du nicht möchtest, z. B. »Ich will kein Zebra sehen«. Warum, wirst du bald verstehen ...
10 Regeln für deine perfekte Wunschformulierung – jetzt klappt's auch mit der Erfüllung.

160 Seiten, 2-farbig, broschiert · ISBN 978-3-96933-010-4 · € [D] 8,00

Franziska Krattinger

Die Kraft der 144 Schalt- und Machtworte

Es ist schwer, eingefahrene Wege zu verlassen und wirklich etwas in seinem Leben zu verändern.
Die 144 wirkungsvollen Karten mit Schalt- und Machtworten helfen dabei, denn sie erwecken die uns innerwohnende positive Macht zur selbstbestimmten Veränderung von Situationen und Vorhaben. Eines dieser Worte genügt bereits, um einen unterbrochenen energetischen Fluss wieder zum Laufen zu bringen und so alles zum Besten zu lenken!
Schalten auch Sie einfach um – und beobachten Sie die positiven Veränderungen in Ihrem täglichen Leben. Sie haben WIRKLICH die Macht dazu!

144 Karten mit Kurzanleitung, inkl. Miniposter, in Box · EAN 4260075280-28-8 · € [D] 25,00

Kurt Tepperwein

Ein neuer Mensch in einem Tag

Der Erfolgsautor und Lebensverwandlungsprofi Kurt Tepperwein enthüllt uns eine schnelle und einfache Methode, um zu werden, wer wir schon immer sein wollten – mit einem sicheren Auftreten, Leichtigkeit und einer faszinierenden Strahlkraft, die uns und unser Leben in eine völlig neue Richtung katapultieren werden, an Orte, von denen wir schon immer geträumt haben.
Eine ganze Reihe praktischer Tipps machen uns Schritt für Schritt zum Gewinner und zeigen uns, wie wir durch ein paar simple Änderungen das Maximum aus uns selbst herausholen können!

144 Seiten, broschiert · ISBN 978-3-96933-067-8 · € [D] 12,00

Deine Notizen

DEINE NOTIZEN

Deine Notizen